하나님의 영원한 경륜

하나님의 영원한 경륜

지은이 | 김학관
펴낸이 | 원성삼
책임편집 | 김지혜
표지디자인 | 한영애
펴낸곳 | 예영커뮤니케이션
초판 1쇄 발행 | 2020년 11월 20일
등록일 | 1992년 3월 1일 제2-1349호
주소 | 04018 서울시 마포구 동교로 55 2층 (망원동, 남양빌딩)
전화 | (02) 766-8931
팩스 | (02) 766-8934
홈페이지 | www.jeyoung.com
ISBN 979-11-89887-33-9 (93230)

본 저작물은 저작권법에 의하여 한국 내에서 보호를 받는 저작물이므로
무단 전재와 무단 복제를 금합니다.

값 14,000원

이 도서의 국립중앙도서관 출판예정도서목록(CIP)은 서지정보유통지원시스템 홈페이지
(http://seoji.nl.go.kr)와 국가자료공동목록시스템(http://www.nl.go.kr/kolis-net)에서 이용하실 수 있습니다.(CIP제어번호: CIP2020046733)

모든 인간은 하나님의 형상을 닮은 존귀한 존재입니다. 사람은 인종, 민족, 피부색, 문화, 언어에 관계없이 모두 다 존귀합니다. 예영커뮤니케이션은 이러한 정신에 근거해 모든 인간이 존귀한 삶을 사는 데 필요한 지식과 문화를 예수 그리스도의 사랑으로 보급함으로써 우리가 속한 사회에 기여하고자 합니다.

신본주의 기독교

하나님의 영원한 경륜

| 김학관 지음 |

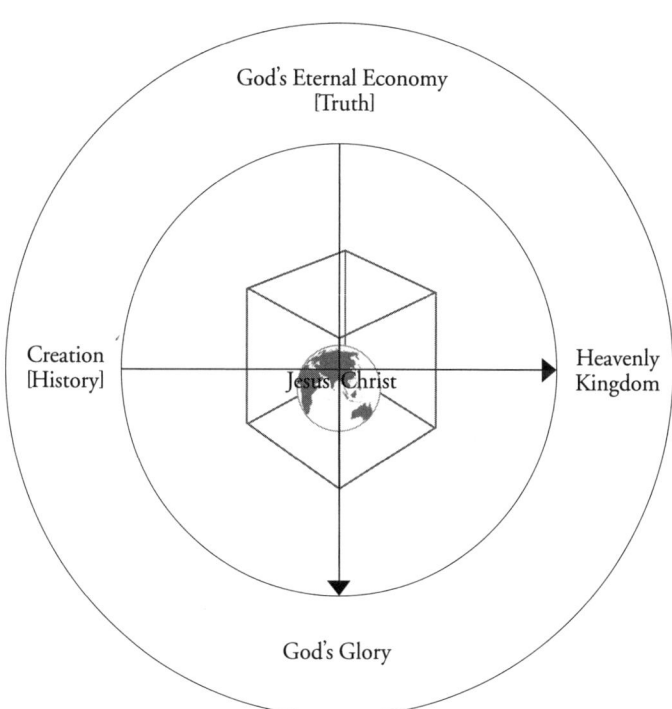

GOD'S ETERNAL ECONOMY

들어가는 말

　주 여호와 하나님은 사랑이십니다. 자비롭고 은혜로우신 하나님께서는 창세전에 '하나님의 영원한 경륜(God's Eternal Economy)'을 세우시고 그 위대한 계획을 따라 만물을 창조하시고 통치하시며 섭리하고 계십니다.

　삼위일체 하나님과 그의 영원한 경륜은 기독교 신앙의 근간이며, 성경의 참 진리입니다. 이는 하나님께서 창세전에 세우신 영원한 계획과 그것을 성취하기 위해 일하시는 거룩한 사역을 말합니다. 또한 하나님의 영원한 경륜을 '구속경륜(the plan of redemption)'이라고도 부르는데 그것은 자비로우신 하나님께서 창세전부터 사람을 위한 구속의 특별한 계획을 가지고 역사 가운데 저들의 구원을 위해 일하고 있기 때문입니다.

　그런데 현대교회는 '경륜'을 '역사(history)' 혹은 '섭리(providence)'로 이해함으로써 하나님의 영원하고 불변하는 계획을 '계시의 역사적 흐름' 또는 '신적 사역의 과정'이라는 그릇된 의미로 사용해 왔습니다. 그 결과 성경에 대한 신본주의적인 안목과 신구약성경의 언약적 통일성을 놓치고 말았으며, 단지 성경에 대한 역사적이고 주관적인 해석을 통하여 인본주의적이고 세속적인 신학사상을 양산해 왔습니다.

   종교개혁기에 등장한 성경역사적 언약신학자들과 현대의 세대주의자들은 하나님의 경륜을 계시의 역사적인 '분배(dispensation)' 또는 시대적 '배열(arrangement)'이란 뜻으로 해석하고 전체 성경의 계시를 시대별로 나누어 각 시대마다 서로 다른 경륜과 구원의 방식이 있다는 그릇된 주장과 극단적인 종말론 사상을 가지고 기독교회에 큰 혼란을 주었습니다.

   기독교 이단은 성경적이고 역사적인 정통교리에 대해 무지한 채 하나님의 경륜을 '신성의 분배' 혹은 '하나님 자신의 시여'라는 뜻으로 오용하여 참람하게도 '하나님과 인간의 합일'을 주장하기도 합니다. 또한 구원이 하나님과 연합된 신령한 한 공동체를 이루는 것이며 그것은 오직 자신들을 통해서만 성취된다는 거짓된 가르침으로 신자를 미혹하고 있습니다.

본서는 주 여호와 하나님께서 성경에서 계시하신 참 진리의 내용으로서 개혁주의 핵심 사상인 '하나님의 영원한 경륜'을 명확히 제시하고 있습니다. 제1장은 삼위일체 하나님의 영원한 경륜과 구속경륜의 체계, 제2장은 구속경륜의 내용으로서 하나님의 영원한 예정과 구속사, 제3장은 구속경륜의 대상과 적용으로서 구원의 서정, 제4장은 구속경륜의 토대로서 신본주의 성경해석과 하나님 나라, 제5장은 구속경륜의 열매로서 기독교 정통신앙인 개혁주의 신학전통과 이단사상인 영지주의 신학전통을 대조하여 다루고 있습니다.

개혁주의는 신본주의 신학으로서 예수 그리스도의 복음에 대하여 삼위일체적(trinitarian)이고 경륜적인(economic) 이해를 갖고 있습니다. 그래서 복음이 하나님께서 그의 영원한 경륜 곧 사람의 구속을 위한 특별한 계획을 따라서 성부로부터 성자 안에서 성령으로 말미암아 이루어졌으며, 구원이 오직 하나님의 '주권적인 은혜(sovereign grace)'로 말미암는다는 것을 명확히 고백하고 있습니다.

그리고 개혁주의는 구원의 주체가 삼위일체 하나님 자신이시며 구원의 근거가 오직 하나님의 자비롭고 은혜로우신 예정에 있음을 말합니다. 또한 하나님께서 영원부터 우리를 위해 예비하신 특별한 사랑의 실체가 바로 구주 예수 그리스도라는 사실을 강조합니다. 이는 궁극적으로 사람의 구원이 하나님의 영원한 경륜과 주권적인 은혜로 말미암는다는 것을 알려 줌으로써 모든 성도로 하여금 오직 하나님께만 찬송과 영광을 돌리게 하는 것입니다.

오늘날 현대복음주의는 하나님께서 그의 영원한 경륜을 따라서 이루신 복음과 그의 주권적이고 은혜로우신 구원에 대한 참 진리로부터 멀어져 있습니다. 그래서 사람이 전적으로 타락한 것이 아니며, 죄인이 하나님과 협력함으로 구원을 이루게 된다고 주장합니다. 결국 구원을 사람의 손에 가두어 둠으로써 인본주의적이고 세속주의적인 신앙의 길로 나아가고 있습니다.

자비로우신 하나님께서 성경을 통해 계시하신 '하나님의 영원한 경륜'은 그리스도인들을 올바른 구원관과 참된 신앙생활로 안내하는 기독교 신앙의 핵심입니다. 이제 모든 성도는 이 진리를 통하여 사람중심의 그릇된 신앙에서 벗어나 하나님중심의 정통신앙을 회복해야 합니다.

21세기 기독교회는 종말적 시련과 영적인 도전 앞에서, 성경적이고 역사적인 '개혁주의 전통(Reformed Tradition)'을 따라 삼위일체 하나님과 그의 영원한 경륜을 바르게 전수하여 성도들의 신앙과 삶을 바로 세우고 교회를 개혁해 나아감으로써 주 여호와 하나님께 영광을 돌려야 할 것입니다.

목차

들어가는 말 … 4
감사의 글 … 12

제1부 하나님의 영원한 경륜 … 19

제1장 경륜의 주체

1. 하나님의 경륜 … 21
2. 삼위일체 하나님 … 37
3. 신론에 대한 제 견해 … 45

제2장 경륜의 체계

1. 하나님의 영원한 경륜 … 51
2. 하나님의 영원한 경륜의 체계(엡 1-6장) … 55

제2부 하나님의 경륜과 역사 … 63

제1장 경륜의 내용

1. 하나님의 영원한 예정 … 65
2. 예정론에 대한 제 견해 … 73

제2장 경륜의 실체

1. 예수 그리스도 … 77
2. 예수 그리스도의 구속 … 83
3. 기독론에 대한 제 견해 … 89

제3장 경륜과 역사

1. 하나님의 경륜과 언약 … 95
2. 구속경륜과 구속사 … 106

제3부 하나님의 경륜과 구원 … 113

제1장 경륜의 대상

1. 중보자 예수 그리스도 … 115
2. 하나님의 택하신 백성 … 117
3. 하나님께 범죄한 사람 … 120

제2장 경륜과 구원

1. 하나님의 경륜과 구원 … 125
2. 경륜과 구원의 서정 … 130
3. 구원론에 대한 제 견해 … 139

제4부 하나님의 경륜과 성경해석 … 143

제1장 경륜과 성경해석

1. 개혁주의 성경해석 … 145
2. 신본주의 성경해석 … 150
3. 신국론(하나님 나라)에 대한 제 견해 … 154

제2장 경륜과 창세기

1. 구약성경과 창세기 … 161
2. 십계명과 삶의 규범 … 169
3. 창세기의 해석원리(1-50장) … 173

제3장 경륜과 요한계시록

1. 신약성경과 요한계시록 … 181
2. 주기도문과 삶의 목적 … 189
3. 요한계시록의 해석원리(1-22장) … 192
4. 종말론에 대한 제 견해 … 201

제5부 하나님의 경륜과 신학사상 … 209

제1장 신본주의 신학사상

1. 개혁주의 신학 … 211
2. 개혁주의 전통 … 216

제2장 인본주의 신학사상

1. 영지주의 신학 … 225
2. 영지주의 전통 … 231

제3장 개혁교회의 방향

1. 개혁교회의 본질 … 245
2. 개혁교회의 사명 … 250
3. 현대기독교와 개혁주의 … 253

나가는 말 … 266

표와 그림

[표1] 제1부 제1장 삼위일체 여호와 하나님 ⋯ 44
[표2] 제1부 제2장 하나님의 영원한 경륜 ⋯ 62
[표3] 제2부 제1장 하나님의 영원한 예정 ⋯ 69
[표4] 제2부 제3장 하나님의 경륜과 언약 ⋯ 99
[표5] 제3부 제2장 구원의 서정 ⋯ 138
[표6] 제4부 제2장 구약성경해석법(창세기) ⋯ 168
[표7] 제4부 제3장 신약성경해석법(요한계시록) ⋯ 188
[표8] 제4부 제3장 요한계시록의 상징과 숫자 ⋯ 194
[표9] 제4부 제3장 종말론과 천년왕국 ⋯ 200
[표10] 제5부 제1장 성경과 역사 ⋯ 215
[표11] 제5부 제1장 사도신경 ⋯ 221
[표12] 제5부 제1장 개혁주의 정통교리 ⋯ 224
[표13] 제5부 제2장 기독론 논쟁 ⋯ 229
[표14] 제5부 제2장 인간의 이해 ⋯ 230
[표15] 제5부 제3장 교회론 이해 ⋯ 249
[표16] 제5부 제3장 개혁주의 전통 ⋯ 261

[그림1] 제1부 하나님의 영원한 경륜 ⋯ 19
[그림2] 제1부 제1장 삼위일체 하나님 ⋯ 43
[그림3] 제2부 하나님의 경륜과 역사 ⋯ 63
[그림4] 제2부 제1장 경륜과 예정 ⋯ 72
[그림5] 제2부 제2장 예수 그리스도의 구속 ⋯ 88
[그림6] 제2부 제3장 구속경륜과 구속사 ⋯ 109
[그림7] 제3부 하나님의 경륜과 구원 ⋯ 113
[그림8] 제3부 제2장 경륜과 구원의 서정 ⋯ 132
[그림9] 제4부 하나님의 경륜과 성경해석 ⋯ 143
[그림10] 제5부 하나님의 경륜과 신학사상 ⋯ 209

감사의 글

주 여호와 하나님은 생명의 창조주요 구원자이십니다. 창세전에 영원한 사랑으로 저를 택하사 예수 그리스도의 보배로운 피로 구원하시고 주의 종으로 부르시어 하나님을 아는 참 진리로 인도하시며 이 땅에서 참된 위로와 영원한 소망을 갖고 주님의 교회를 섬기며 살아가게 하시는 지극히 선하신 하나님께 감사와 찬송을 올려 드립니다.

자비로우신 하나님의 은혜로 예수 그리스도를 믿은 후, 저는 교회 안에서 예배 모임과 전도 중심의 복음주의적 신앙을 갖고 살았습니다. 그러나 목사님과 교회가 속한 교단의 신학사상에 대해서 잘 몰랐습니다. 단지 저는 신앙에 대한 정체성이나 안목 없이 종교생활에 열심이었습니다. 또한 내가 무엇을 믿고 있는지, 무엇이 바른 신앙이고, 거듭난 신자로서의 삶을 어떻게 살아가야 하는지도 모른 채 지냈습니다.

저는 신학교에 입학하고 나서야 비로소 '칼빈주의'와 '복음주의'란 용어를 접하게 되었습니다. 당시 제가 공부한 신학교는 외

부적으로 '개혁신학'을 따르는 보수신학교라고 알려져 있었지만, 실제 학교의 커리큘럼과 교수님들의 강의 가운데 그와 관련된 전문적인 가르침이나 내용들이 거의 없었습니다. 물론 '개혁신학'을 '바른 신학'이라는 구호로 대체하여 그것이 성경에 부합하는 정통신학이라고 말하는 것은 들었지만, 안타깝게도 그 본질과 내용에 대해서 체계적으로 배우거나 바르게 이해하지 못했습니다.

그래서 현대복음주의 성경신학의 내용인 '언약신학'과 '구속사' 그리고 '하나님 나라' 사상에 대한 일반 지식을 얻었을 뿐이었고, 다만 '바른 신학'이란 개념을 하나님중심의 '신본주의 신앙'과 성경중심의 '계시의존적 사색'을 의미하는 정도로 이해했을 뿐이었습니다.

한 실례로 신학교 1학년으로서 '개혁주의 선교론 고찰'이란 소논문을 써서 교내학술대회에 참석한 일이 있었는데 당시 교수님들은 왜 성경신학을 공부하지 않고 다른 분야에 관심을 갖느냐고 반문하기도 했습니다. 비록 신학을 총체적으로 알지 못하였지만 저는 개혁주의 신학에 대한 강한 호기심과 그 실천에 큰 관심을 갖고 있었습니다.

그리고 본교의 개교기념일 주간에 "한국 개혁신학의 정체성"이란 논고를 동문에게 발표할 기회가 있었습니다. 그 논고의 내용을 준비하면서 방대한 자료를 수집하고 또한 '개혁신학의 의미'에 대하여 여러 교수님과 목사님를 인터뷰하였습니다. 그 결과는 매우 실망스러웠습니다. 왜냐하면 그것이 제가 원하던 성경적이고 역사적인 개혁주의에 대한 명확한 해답이 아니라 단지 보통의 복음주의적이고 경건주의적인 신앙 이해에 머물러 있었기 때문이었습니다.

졸업 후 목회사역을 하면서 저는 보수신학의 입장에서 신본주의적이고 구속사적인 성경해석과 성경중심의 강해설교를 하려고 노력했습니다. 그러나 신본주의 신앙의 참된 토대가 되는 '칼빈주의 신학사상'이나 '개혁주의 전통'에 대해서 깊이 알지 못했기 때문에 성경해석과 신앙교육의 한계를 절감하기에 이르렀습니다.

물론 기존의 복음주의 신학자들이 만든 자료를 참고하여 성경신학적 주제를 정리해서 얼마든지 설교하고 가르침을 줄 수도 있었습니다. 그러나 그것으로는 제 자신의 신학을 올곧게 세우고 일생동안 목회사역을 하기에는 역부족이었습니다. 특히 제가 품고 있었던 '개혁주의 신학'에 대한 갈급함을 해결할 수 없었습니다.

당시 신학교에서는 한국장로교신학을 '청교도적 칼빈주의'라고 가르치고 있었고 대부분 장로교단들은 '복음주의협의회'에 참여하여 활동하고 있었습니다. 하지만 칼빈주의와 복음주의, 청교도 운동과 경건주의, 칭의론과 성화론, 역사적 전천년설과 무천년설 그리고 성경신학과 개혁주의 등에 대한 이해도 명확히 제시되지 않고 있었습니다.

그래서 저는 '5SOLA(종교개혁자들의 5대 중심사상)'의 입장을 갖고 있으면 보수적인 신앙을 가진 건전한 목회자이고, 게다가 'TULIP(칼빈주의 5대 핵심교리)'를 견지하고 있으면 칼빈주의 목회자라고 인정할 수 있다고 생각했을 뿐이었습니다.

그 후 하나님의 크신 은혜로 칼빈주의 핵심 사상이 '하나님의 영원한 경륜' 곧 사람의 구원에 대한 참 진리의 토대인 '예정론'과 성도의 삶의 목적으로서 오직 하나님의 영광을 추구하는 '언약사상'에 있음을 깨닫게 되었고 또한 기독교 공인신조에 대한 심도 있는 연구를 통해 정통교리를 바르게 정립하고 체계화하는 데 많은 노력을 기울이게 되었습니다. 그리하여 기독교 정통신앙으로서의 '개혁주의 신학전통'에 대한 전면적인 이해를 얻게 되었습니다.

성경적이고 역사적인 개혁주의 전통은 예수 그리스도의 사도들로부터 내려와 초대교회의 어거스틴(Augustinus, 354-430)을 거쳐서 종교개혁자 칼빈(John Calvin, 1509-1564)으로 계승된 '하나님을 아는 참된 지식'의 총체이며, 특히 사도신경을 기초로 하여 역대 교회의 공인신조로 작성되어 전수된 기독교 정통교리입니다. 그 핵심 내용은 삼위일체 하나님의 존재와 사역, 하나님의 영원한 경륜과 이중 예정론, 타락 전 선택설, 그리스도의 제한 속죄론, 신구약의 통일성, 이중 은총과 언약론, 육체 밖의 로고스, 교회의 본질과 속성, 교회 질서와 참된 표지 및 성경직 종말론과 무천년설 등을 담고 있습니다.

한 사람의 신앙 여정을 돌아볼 때, 모든 성도가 성경에 가장 부합하는 개혁주의 신앙을 보다 가까이 접할 수 있으면 좋겠다고 생각합니다. 왜냐하면 그것이 성도에게 참 진리 안에서 구원의 견고한 확신과 신앙생활의 올바른 표준을 제시해 주기 때문입니다. 실로 진리의 성령께서 은혜를 베푸사 기독교회 안에 개혁주의 정통교리와 기독교 공인신조에 대한 가르침과 배움이 더욱 활발하게 일어나기를 기도합니다.

현대기독교 안에는 '신정통주의', '신칼빈주의', '신복음주의', '신사도운동' 등의 다양한 신학사상과 함께 거짓된 이단사상이 만연되어 있습니다. 이러한 때에 우리는 오직 성경에 기초한 참 진리로서 인본주의적이고 세속적인 신학사상과 거짓된 이단운동을 옳게 분별하여 대항하면서 예수 그리스도의 순수한 복음을 전파하고 교회의 성결을 파수해야 할 것입니다.

최근까지 저는 성경적인 참된 교회의 본질에 대한 연구와 함께 기독교의 진리를 좀 더 명확히 설명하고자 노력해 왔습니다. 특히 복음의 삼위일체적이고 경륜적인 성격과 오직 하나님의 주권적인 은혜로 말미암는 구원에 대해서 바르게 소개하고자 힘써 왔습니다. 그 결과로 금번에 『하나님의 영원한 경륜(G.E.E)』이라는 책을 저술하게 되었습니다.

본서를 읽는 모든 분이 생명의 주요 만복의 근원이신 삼위일체 여호와 하나님과 그의 영원한 경륜을 알아가는 가운데 그의 특별한 구속의 사랑과 놀라운 구원의 은혜를 인하여 참된 기쁨과 부요함을 누리시며, 이 땅에서 오직 하나님께 영광을 돌리며 살아가는 복된 성도가 되시기를 간절히 기원합니다.

지금까지 미천하고 연약한 저를 인도하사 하나님을 알게 하시고 부족한 자를 주의 종으로 부르사 예수 그리스도의 생명의 복음과 참 진리로 교회와 성도들을 섬기며 살아가도록 축복해 주신 지극히 선하시고 신실하신 하나님께 모든 감사와 찬송을 올려 드립니다. 할렐루야!

제1부
하나님의 영원한 경륜

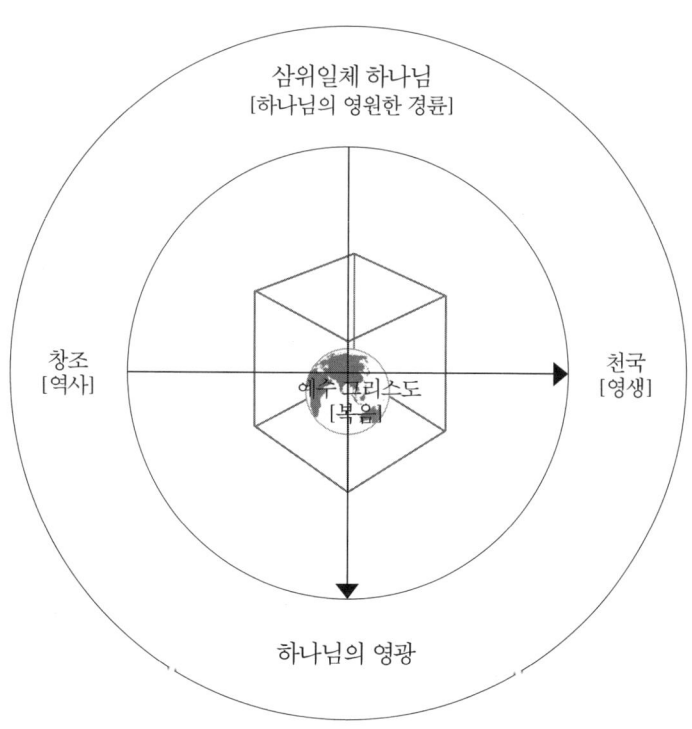

제1장
경륜의 주체

1. 하나님의 경륜

모든 성도 중에 지극히 작은 자보다 더 작은 나에게 이 은혜를 주신 것은 측량할 수 없는 그리스도의 풍성함을 이방인에게 전하게 하시고 영원부터 만물을 창조하신 하나님 속에 감추어졌던 비밀의 경륜이 어떠한 것을 드러내게 하려 하심이라(엡 3:8-9).

기독교 신앙은 창조주요, 구속주이신 하나님을 아는 참된 지식에 기초합니다. 그것은 삼위일체 하나님과 그의 경륜을 바르게 아는 것이며 또한 그 경륜을 따라서 행하시는 하나님의 주권적이고 은혜로우신 구원에 대한 확신을 말합니다(롬 9-11장; 엡 1-3장; 벧전 2:4-10).

성경에서 '경륜(οἰκονομία)'이란 말은 매우 중요한 의미를 갖고 있습니다. 이 단어는 지혜(wisdom), 뜻(will), 지식(knowledge), 계획(plan), 경영(economy), 관리(administration) 등의 다양한 의미를 포함하고 있습니다. 또한 일반적으로 경륜은 하나님께서 역사 속에서 그의 뜻을 실행하고 성취해 나가는 '하나님의 사역' 혹은 '일의 과정'이라고 이해되고 있습니다.

개혁주의에서는 '하나님의 경륜(The Economy of God)'을 삼위일체 하나님께서 창세전에 그의 영광을 위하여 그의 기쁘신 뜻을 따라 세우신 영원한 계획과 그것을 이루시는 하나님의 주권적이고 은혜로우신 섭리를 말합니다. 또한 하나님의 경륜은 전능하신 하나님께서 영원부터 그의 완전한 계획을 세우시고 역사 속에서 그 거룩한 목적을 이루어 가시는 일로서 '하나님의 경영' 혹은 '하나님의 관리'라고 표현되기도 합니다.

참된 신앙은 복음에 대한 단순한 지식이나 종교적 열심 혹은 신비한 체험 등에서 나오는 것이 아니라, 하나님께서 구속경륜을 계시해 주신 성경의 참 진리에 토대를 두고 있습니다.

그래서 사도 바울은 목회자 디모데를 향하여, 그가 그리스도 예수의 좋은 일꾼이 되어 '믿음의 말씀(λόγοις τῆς πίστεως, the words of the faith)'과 '선한 교훈(καλῆς διδασκαλίας, the good doctrine)'으로 성도들을 양육하라고 권면하고 있습니다(딤전 4:6).

성경은 '하나님의 경륜' 곧 구원을 베푸시는 하나님과 그의 사람을 위한 특별한 구속의 사랑을 계시하고 있습니다. 이는 하나님의 선하시고 완전한 계획에 대한 총체적이고 올바른 앎이요, 구원에 이르는 참된 지혜이며(딤후 3:15), 영생 곧 예수 그리스도와 유일하신 여호와 하나님을 아는 참된 지식입니다(요 17:3; 벧후 1:2).

자비로우신 하나님의 경륜은 성도들의 구원과 삶의 기초를 제공합니다. 성도로 하여금 예수 그리스도의 복음 안에서 견고한 구원의 확신을 갖게 하고 또한 하나님의 영원한 계획에 대한 온전한 이해를 가지고 참된 신앙생활을 살아가도록 도와줍니다.

모든 성도는 삼위일체 하나님과 그의 영원한 경륜 곧 특별한 구속의 사랑을 바르게 알고 살아가는 성숙한 사람이 되어야 합니다. 이제는 하나님과 그의 경륜에 대해서 무지한 채로 자신의 욕망과 세상 영광을 위해 살아가던 옛 사람의 모습을 벗어버리고 오직 하나님만을 경외하고 그를 온전히 신뢰하며 사는 신앙인이 되어야 합니다.

나아가 거룩한 하나님의 자녀로서 우리를 영원한 사랑과 크신 은혜로 구원하시고 모든 복을 내려 주시는 하나님의 기쁘신 뜻을 바르게 알고 행함으로 하나님을 영화롭게 하며 살아가는 복된 성도로 자라 가야 할 것입니다.

하나님이 경륜의 주체이심

깊도다 하나님의 지혜와 지식의 풍성함이여, 그의 판단은 헤아리지 못할 것이며 그의 길은 찾지 못할 것이로다 누가 주의 마음을 알았느냐 누가 그의 모사가 되었느냐 누가 주께 먼저 드려서 갚으심을 받겠느냐 이는 만물이 주에게서 나오고 주로 말미암고 주에게로 돌아감이라 그에게 영광이 세세에 있을지어다 아멘(롬 11:33-36).

주 여호와 하나님은 그의 선하시고 완전한 지혜로 만물과 사람에 대한 그의 기쁘신 뜻을 정하시고 이루시는 분이십니다. 전능하신 하나님께서는 창세전에 그의 영광을 위하여 사람을 향한 크고도 놀라운 구원의 계획을 세우시고 완성하시는데 이것을 가리켜서 '하나님의 영원한 경륜(God's Eternal Economy)'이라고 부릅니다.

그리고 자비로우신 하나님께서는 구주 예수 그리스도 안에서 그의 영원한 경륜을 온전히 계시해 주셨습니다. 그의 아들이신 예수님은 하나님의 영원한 경륜의 주체와 실체이시며 또한 하나님께로 인도하시는 유일한 길이요, 진리와 생명이십니다 (요 14:6, 17:3).

예수 그리스도의 복음은 삼위일체 하나님께서 세우신 영원한 경륜에서 나온 특별한 사랑의 열매입니다. 성부께서는 하나님의 영원한 경륜 가운데 영생을 베푸실 자들을 택하시고 성자 예수 그리스도 안에서 보혜사 성령으로 말미암아 구속을 성취하셨습니다. 이와 같이 복음은 '삼위일체적(trinitarian)이고 경륜적(economic)'입니다.

아울러 삼위일체 하나님의 영원한 경륜은 복음에 대한 총체적이고 올바른 이해를 줍니다. 그래서 성도들을 구원의 견고한 확신과 하나님께 대한 온전한 믿음으로 인도합니다. 또한 창조주요, 구원자이신 하나님께 모든 감사로 경배를 올려 드리게 하고 하나님을 알고자 하는 강한 열심과 그의 영광을 위해 살고자 하는 참된 열심을 불러 일으킵니다.

나아가 성도가 하나님의 영원한 경륜 가운데 자신의 인생과 세상과 역사를 올바로 바라보게 합니다. 더욱이 목회자들에게는 신본주의적 관점을 가지고 바른 성경해석과 설교사역을 감당할 수 있도록 도와주는 훌륭한 지침이 되며 모든 성도가 이 세상 가운데 기독교의 참 진리를 보다 확실하고 체계적으로 증거할 수 있도록 도움을 줍니다.

전능하신 하나님께서는 예수 그리스도 안에서 하늘의 모든 신령한 복을 우리에게 주시기 위해서 영원한 경륜을 세우시고 만물을 창조하시고 통치하시며 섭리하십니다. 그러므로 이 땅의 역사는 하나님께서 그의 영원한 경륜을 따라 행하시는 '하나님의 일하심의 기간' 또는 '하나님께서 그의 뜻을 성취하는 무대'와도 같습니다.

하나님의 영원한 경륜을 따라 성부께서는 창세전에 우리를 선택하시고 예수 그리스도는 구속을 성취하셨으며 성령은 그리스도가 이루신 구속을 우리에게 적용하시어 우리를 구원하시고 하나님의 자녀로 삼아 주셨습니다(엡 1:4-14). 진실로 구원은 삼위일체 하나님의 '주권적인 은혜(sovereign grace)'로 맺어진 특별한 선물입니다(엡 2:8-9).

그리고 하나님께서는 성경을 통해 그의 영원한 경륜을 계시해 주셨습니다. 성경은 사람을 구원하여 하나님을 아는 참된 지식으로 인도하는 생명의 말씀입니다(요 5:39, 20:31). 또한 진리의 성령께서는 항상 성경과 더불어 사역하시고 또한 성경을 통해서 역사하시는데(요 16:13-14) 그는 복음으로 죄인을 구원하시며 성경을 통해 계시하신 '하나님의 영원한 경륜' 가운데 모든 성도들의 신앙과 삶을 인도하고 계십니다.

결국 하나님의 영원한 경륜은 구원의 주체가 오직 하나님이시며 구원의 근거가 그의 기쁘신 뜻에 있음을 명확히 알려 줍니다.

이는 구원이 하나님의 주권적인 은혜로 말미암는 것을 알림으로 써 모든 성도가 오직 하나님께 모든 영광을 돌리게 하시는 것입니다.

하나님의 경륜과 비밀

내가 교회의 일꾼 된 것은 하나님이 너희를 위하여 내게 주신 직분을 따라 하나님의 말씀을 이루려 함이니라 이 비밀은 만세와 만대로부터 감추어졌던 것인데 이제는 그의 성도들에게 나타났고 하나님이 그들로 하여금 이 비밀의 영광이 이방인 가운데 얼마나 풍성한지를 알게 하려 하심이라 이 비밀은 너희 안에 계신 그리스도시니 곧 영광의 소망이니라(골 1:25-27).

삼위일체 하나님께서 창세전에 세우신 그의 영원한 경륜은 사람에게 감춰진 비밀(μυστήριον, mistery, secret doctrine)이었습니다. 사도 바울은 그것을 가리켜서 '그리스도의 비밀(the mistery of Christ, 엡 3:4)' 혹은 '비밀의 경륜(the economy of the mystery, 엡 3:9)'이라고 기록하고 있습니다.

자비로우신 하나님께서는 사람과 주권적이고 은혜로우신 언약을 맺으시는 방식으로 하나님 자신과 그의 영원한 경륜을 계시해 주셨습니다. 이 경륜의 실체는 예수 그리스도이시며 그 경륜의 내용은 그리스도의 구속과 택자들의 구원을 담고 있습니다. 그래서 하나님의 경륜을 '구속경륜(the plan of redemption)'이라고도 부릅니다. 또한 구속경륜의 실체나 내용이 하나님의 은혜로 말미암기 때문에 '하나님의 은혜의 경륜(the administration of God's grace)'이라고도 부릅니다(엡 3:2).

사도 바울은 하나님의 지혜가 '창조하신 하나님 안에 감추어져 있었다'라고 말합니다(고전 2:7; 엡 3:9). 즉 타락한 죄인들이 결코 스스로의 노력으로 그 지혜를 알 수 없으며, 성령의 은혜로 말미암아 구원받은 성도들에게만 특별히 알려지게 되었다는 것입니다(고전 2:12; 골 1:26).

그는 하나님의 지혜가 영원부터 작정되었다고 말합니다. "이는 이제 교회로 말미암아 하늘에 있는 통치자들과 권세들에게 하나님의 각종 지혜를 알게 하려 하심이니 곧 영원부터 우리 주 그리스도 예수 안에서 예정하신 뜻대로 하신 것이라(엡 3:10-11)." 또한 이 비밀이 예수 그리스도 곧 '영광의 소망'이시며(골 1:27), 예수 그리스도 안에는 '지혜와 지식의 모든 보화가 감추어져 있다(All the treasures of wisdom and knowledge are hidden in Christ, 골 2:3)'고 선언합니다.

삼위일체 하나님의 영원한 경륜이 감춰진 비밀로서 이전에는 하늘의 천사들이나 어떠한 피조물에게도 알려지지 않았던 것이었으나 이제는 하나님의 은혜로 예수 그리스도의 복음 안에서 주를 믿는 모든 성도들에게 밝히 알려졌다고 말씀하고 있는 것입니다.

그래서 바울은 하나님께서 자신을 복음의 사도로 세우신 것이 바로 '하나님의 영원한 경륜' 가운데 주어진 영광스런 일이며 또한 그 직분의 목적이 모든 성도 앞에서 하나님의 위대한 경륜을 밝히 드러내기 위함이라고 고백합니다. 그는 이러한 사명감 때문에 감옥에서도 하나님의 복된 경륜을 많은 사람들에게 일러야 한다는 간절함을 가지고 온 세상에 있는 주님의 교회들에게 많은 진리의 서신을 썼던 것입니다.

성경과 하나님의 경륜

내가 하늘과 땅에 있는 각 족속에게 이름을 주신 아버지 앞에 무릎을 꿇고 비노니 그의 영광의 풍성함을 따라 그의 성령으로 말미암아 너희 속사람을 능력으로 강건하게 하시오며 믿음으로 말미암아 그리스도께서 너희 마음에 계시게 하시옵고 너희가 사랑 가운데서 뿌리가 박히고 터가 굳어져서 능히 모든 성도와 함께 지식에 넘치는 그리스도의 사랑을 알고 그 너비와 길이와 높이와 깊이가 어떠함을 깨달아 하나님의 모든 충만하신 것으로 너희에게 충만하게 하시기를 구하노라 우리 가운데서 역사하시는 능력대로 우리가 구하거나 생각하는 모든 것에 더 넘치도록 능히 하실 이에게, 교회 안에서와 그리스도 예수 안에서 영광이 대대로 영원무궁하기를 원하노라 아멘(엡 3:14-21).

주 여호와 하나님께서는 계시하신 말씀을 통해 하나님의 영원한 경륜 곧 사람을 향한 특별한 구속의 사랑을 알려 주셨습니다. 이는 하나님을 경외하고 참되게 예배하며 또한 그것을 자손 대대에 전수하여 저들도 참되고 영원한 복을 받아 누리며 살도록 하신 것이었습니다.

성경을 살펴보면, 하나님은 친히 자신과 그의 영원한 뜻을 선지자들과 사도들을 통하여 사람에게 계시해 주셨습니다. 본래 피조물인 사람은 하나님만을 경배하는 예배자인 동시에 하나님을 섬기며 살아가도록 창조되었습니다. 창세기 2장에서부터 나오는 히브리어 '아바드(עבד)'란 용어는 '예배한다(worship)'와 '섬긴다

(serve)'라는 뜻이 있으며 또한 사람이 하나님의 뜻을 따라서 '일하다(work)', '경작하다(cultivate)' 혹은 '지키다(keep)'란 의미를 갖고 있습니다.

구약성경의 창세기에 등장하는 아담, 노아 그리고 아브라함을 비롯한 모든 믿음의 사람들이 바로 유일하신 여호와 하나님을 예배하고 섬기며 하나님의 진리(삼위일체 하나님과 그의 영원한 경륜의 지식)를 파수하고 전수하며 살아간 하나님의 종들이었습니다.

출애굽 시기에 이르러 이스라엘 공동체 가운데에는 지도자인 모세와 아론 외에도 '쇼토르(שטר)'라는 관리자(officer) 또는 감독자(overseer)가 있었는데 이들은 이스라엘 백성의 공적 지도자로 활동하는 직분자를 말합니다(출 5:6-19; 신 20:5-9; 수 1:10, 3:2, 8:33, 23:2, 24:1). 또한 가나안에 이르러 하나님께서 세우신 '샤파트(שפט)'라는 사사(judge) 혹은 치리자(ruler)가 있었는데 이들도 이스라엘의 지도자로서 하나님의 말씀으로 백성들의 삶을 주관하는 사람들이었습니다(출 18:13-22; 신 19:17-18; 삿 2:16-18, 3:10, 4:4, 10:2, 11:27, 16:31).

그 후 하나님께서는 그의 영원한 경륜을 따라 이스라엘 백성에게 특별한 세 가지 직분을 세워 주셨습니다. 그것은 하나님께서 친히 택하신 사람을 백성의 지도자로 세우시는 것이었는데 그들은 하나님이 기름을 부어 세우신 '선지자'와 '제사장' 및 '왕'의 직분을 말합니다.

먼저 '선지자(נביא, prophets)' 직분은 하나님으로부터 말씀을 받고 그의 뜻을 후손들에게 전달하는 사명을 수행했던 모든 사람들을 가리킵니다. 첫 사람 아담부터 아브라함(창 20:7)과 요셉에 이르는 족장시대까지의 하나님의 택한 종들을 포함하며, 특히 이 직분은

'모세'로부터 시작하여(신 18:15-18; 행 3:22) '사무엘'로 이어졌으며, 후에는 이스라엘 왕국의 전 역사 속에서 하나님의 말씀을 전달하고 그의 일을 성취하는 가장 중요한 역할을 한 사람들이었습니다 (사 46:10).

다음으로 '제사장(כהן, priests)' 직분은 하나님의 거룩한 뜻을 따라서 이스라엘 공동체를 대신하여 하나님 앞에 나아가 제사를 드리는 영적인 사역을 감당한 성별된 사람들을 말하며 이 직분은 대제사장 '아론'과 이스라엘의 레위지파 사람들을 통해 전수되었습니다.

끝으로 '왕(מלך, kings)'의 직분은 하나님의 택함과 그의 뜻을 따라서 이스라엘 왕국을 다스리는 정치적인 지도자로서 이 직분은 '사울 왕'으로부터 시작하여 '다윗 왕'과 '솔로몬 왕'을 거쳐서 이스라엘 왕국의 모든 역사로 계승되었습니다.

그런데 하나님께서 주신 세 직분은 그의 영원한 경륜을 따라 여자의 후손으로 오실 메시아(창 3:15) 곧 온 인류 구속의 중보자로 오신 구주 예수 그리스도를 예표한 것이었습니다.

하나님의 아들이신 예수님은 성경의 모든 언약을 성취하시고 하나님을 온전히 계시하신 '참 선지자'이시고(마 7:29, 24:3-35; 눅 13:33; 요 1:18, 8:26-28, 14:10; 히 1:1-2), 인류의 모든 죄를 단번에 대속하신 '영원한 대제사장'이시며(요 1:29; 고전 3:7; 히 2:17, 7:24-28, 9:11-15; 벧전 1:19), 이 타락한 세상에 오셔서 죄와 사망권세를 이기시고 부활하심으로 거룩한 하나님 나라를 세우시고 온 교회와 만국을 다스리고 계시는 '만왕의 왕'이십니다(마 28:18; 눅 1:31-33; 요 1:49; 엡 1:20; 골 1:18, 2:19; 계 17:14).

주 여호와 하나님께서는 성자를 구속의 중보자로 이 땅에 보내 주셨습니다. 예수 그리스도는 하나님의 영원한 경륜의 실체이시며 동시에 하나님의 크고도 놀라운 구속경륜을 성취하러 오신 것입니다.

신약시대에 이르러, 예수 그리스도를 믿음으로 하나님의 자녀가 된 모든 성도가 하나님을 참되게 예배하며 섬기는 하나님의 백성이요 동시에 하나님의 영원한 경륜을 따라서 이 땅에서 그의 뜻을 이루고 생명의 복음을 전파하는 주의 종들이 되었습니다.

이제는 모든 성도가 곧 하나님을 경배(προσκυνέω, worship, bow down)하는 예배자요 주님을 따르는 제자(μαθητής, disciple, learner)로 살아가게 된 것입니다. 그래서 성경은 우리가 예수 그리스도 안에서 '왕 같은 제사장(royal priesthood, kings and priests)'이 되었다고 선포하고 있습니다(벧전 2:9-10; 계 1:6).

한편 성령께서는 그의 은혜로 구원한 성도들을 예수 그리스도와 연합된 교회로 세워 주시고, 이 영적인 공동체를 위해 직분과 질서를 허락해 주셨습니다. 특히 '목사(ποιμήν, pastor)'를 하나님의 집과 주님의 몸 된 교회의 청지기(stewardship, manager)요 감독자(overseer)이며 관리자(administrator)로 세워 주셨습니다. 이 직분은 주님이 다시 오실 때까지 지속될 항존적인 직분으로서 주님의 교회를 목양하고 주의 양들을 섬기도록 세우신 것입니다.

목사는 목자와 교사를 겸한 사람입니다(엡 4:11). 먼저 목자(ποιμήν, shephard)는 생명의 말씀으로 양떼를 먹이고 보호하며 다스리는 사람입니다. 다음으로 교사(διδάσκαλος, teacher)는 성경의 참 진리를 가르쳐서 성도로 하여금 하나님을 바로 알고 거룩한 하나님의 자녀로서 합당한 본분을 다하며 살아가도록 지도하는 사람을 말합니다.

그래서 하나님은 목사를 주님의 말씀으로 죄인을 구원하고 하나님의 백성을 목양하도록 세우셨습니다. 즉 목사는 성경의 참 진리 곧 '하나님의 영원한 경륜(οἰκονομία, God's eternal economy)'을 가르치고 전파하는 직분(οἰκονόμος, administrator)을 받은 사람입니다.

목사는 하나님께서 주의 거룩한 교회를 섬기도록 세우신 주의 종이요(stewardship, household manager, 눅 16:1-8; 고전 4:1-2; 딛 1:7; 벧전 4:10), 하나님의 경륜을 선포하고 가르치는 사명자입니다(shephard, pastor and teacher, 고전 9:17; 갈 4:2; 엡 3:2; 골 1:25; 딤전 1:4).

사도 바울은 다음과 같이 말합니다. 모든 성도 중에 지극히 작은 자보다 더 작은 나에게 이 은혜를 주신 것은 측량할 수 없는 그리스도의 풍성함을 이방인에게 전하게 하시고 영혼부터 만물을 창조하신 하나님 속에 감추어졌던 비밀의 경륜이 어떠한 것을 드러내게 하려 하심이라(엡 3:8-9).

하나님의 청지기로 부름 받은 목사는 주 예수 그리스도 안에 있는 보배로운 참 진리의 말씀 곧 '하나님의 영원한 경륜'을 모든 성도에게 바르게 선포하고 가르쳐야 할 책임이 있습니다. 아울러 그는 하나님의 참 진리를 굳게 파수하고 성실히 전수함으로써 하나님의 경륜을 지속적으로 이루어 나가야 할 것입니다(엡 1:9-10).

참된 목사는 삼위일체 하나님과 영원한 경륜에 대한 지식 곧 성경적이고 사도적이며 공교회적인 정통신학에 대한 참된 이해를 가져야 하며 주님의 참 진리를 파수하며 전하는 일에 충성을 다해야 할 것입니다. 또한 하나님의 진리의 말씀을 옳게 분별하며 목사직이 자신의 사사로운 이익이나 세속적 야망을 성취하는 수단이 되지 않도록 항상 근신하여 부끄러울 것이 없는 일꾼으로 하나님 앞에 자신을 드리기에 힘써야 할 것입니다(딤후 2:15).

성경적인 목회는 성도로 하여금 삼위일체 하나님과 그의 영원한 경륜 곧 사람을 위한 특별한 구속의 사랑을 바르게 알고 확신 가운데 살아가게 하는 일입니다(엡 1:17-19, 3:14-21). 그러므로 하나님의 종으로 부름 받은 목사는 참 진리와 온전한 사랑으로 주님의 교회를 든든히 세워 나가며 모든 성도가 주의 뜻을 따라 거룩하고 선한 일을 행함으로 하나님을 기쁘시게 하는 성숙한 신앙인들이 되도록 힘써야 할 것입니다(엡 4:11-16).

교회와 하나님의 경륜

하나님이 우리를 구원하사 거룩하신 소명으로 부르심은 우리의 행위대로 하심이 아니요 오직 자기의 뜻과 영원 전부터 그리스도 예수 안에서 우리에게 주신 은혜대로 하심이라(딤후 1:9).

주 여호와 하나님의 영원한 경륜 곧 사람을 위한 특별한 구속의 계획은 영원부터 예수 그리스도 안에서 작정하신 하나님의 '기쁘신 뜻(εὐδοκία, good will)'을 따라 이루어졌습니다.

성경은 '창세전에 하나님께서 우리를 그리스도 안에서 택하셨으며(ἐκλέγομαι, choose) 또한 그의 기쁘신 뜻을 따라 우리를 예정하사 하나님의 아들들이 되게 하셨나(προορίζω, predestinate)'고 말씀합니다(엡 1:4-5). 이는 하나님의 영원한 경륜이 예수 그리스도 안에서 성취되었고, 이제는 성령께서 주님의 교회에 그의 은혜와 권능을 베푸심으로 말미암아 복음전파를 통하여 택하신 자들을 구원하시는 놀라운 역사가 이루어지고 있음을 알려 주는 것입니다.

한편 사도 바울은 주님의 교회와 하나님의 영원한 경륜에 대하여 언급하면서, 주께서 자신에게 맡기신 사도의 직분과 위대한 사명에 대하여 다음과 같이 고백하고 있습니다(엡 3:2-10).

첫째, 하나님께서는 그의 영원한 경륜의 비밀을 바울 자신에게 알려 주셨으며 또한 하나님께서 이 영원한 경륜을 온 세상에 전파하게 하시려고 그에게 특별한 사도의 직분과 임무를 맡기셨다는 것입니다(엡 2:4-22, 3:2).

둘째, 하나님의 경륜이 전에는 모든 피조물에게 알려지지 않은 감추어진 비밀이었으나, 이제는 성령의 은혜로 말미암아 구주 예수 그리스도께서 성취하신 복음을 통하여 주님의 교회와 모든 성도들에게 밝히 알려졌다는 것입니다(엡 3:5, 3:9).

셋째, 하나님의 영원한 경륜은 하나님께서 창세전에 택한 사람들에게 은혜를 베푸심으로 저들로 하여금 구주 예수 그리스도를 믿고 구원받아 영생을 얻게 하시며 또한 삼위일체 하나님과 그의 영원한 경륜을 바르게 알고 순종함으로써 하나님께 영광을 돌리게 하시기 위함이라는 것입니다(엡 1:3-6, 3:6-11, 20-21).

넷째, 하나님께서는 그의 은혜로 말미암아 이 비밀의 경륜을 전파하기 위해 주님의 교회 가운데 특별히 하나님의 종들을 택하시고 부르셨으며 또한 그들이 온 세상 가운데 하나님의 복음전파의 거룩한 사명을 힘 있게 감당할 수 있도록 모든 은혜와 능력을 베풀어 주신다는 것입니다(엡 3:7).

다섯째, 하나님께서는 그의 영원한 경륜을 그가 창세전에 택하신 모든 자들에게 알리기 위해서 특별히 사도와 선지자들을 사용하셨으며 또한 이 일을 위하여 지금도 주님의 교회와 택하신 종들을 부르시고 사용하신다는 것입니다(엡 3:5-6, 10-11).

바울의 복음사명은 하나님의 영원한 경륜을 밝히 드러내고 온 세상 가운데 전파하는 것이었습니다. 그는 "내가 교회의 일꾼된 것은 하나님이 너희를 위하여 내게 주신 직분을 따라 하나님의 말씀을 이루려 함이니라(골 1:25)"고 고백하며 또한 "영원부터 만물을 창조하신 하나님 속에 감추어졌던 비밀의 경륜이 어떠한 것을 드러내게 하려 하심이라(엡 3:9)"고 분명히 밝히고 있습니다.

여기서 하나님을 가리켜 '만물을 창조하신 분'이라고 말한 것은 영지주의자들이(Gnosticism) 주장하던 거짓 교리를 대항하기 위한 것이었습니다. 당시 영지주의자들은 이분법적으로 신구약성경을 구분하여 하나님도 '창조주 하나님'과 '구속주 하나님'으로 분리시켜 버렸습니다.

그러나 바울은 예수 그리스도를 보내사 택자들을 구원하시고 영원한 하나님 나라를 완성해 나가시는 분이 바로 여호와 하나님이라고 고백하고 있습니다. 이것은 창조주와 생명의 구속주가 다른 존재가 아니라 한 분이신 여호와 하나님이심을 바르게 선언하는 것입니다.

결국 사도 바울의 복음사명은 하나님의 영원한 경륜을 온 세상 가운데 세워진 주님의 교회에 밝히 드러냄으로써 모든 성도가 하나님과 그의 뜻을 바로 알고 오직 하나님께 온전한 영광을 돌리며 살아가게 하는 일이었습니다.

하나님의 경륜과 신학전통

현대복음주의는 성경을 하나님중심의 영원한 경륜적 관점이 아니라 인본주의적이고 역사적인 시각에서 바라봅니다. 그 결과 성경의 계시를 역사적 흐름에 따라 구분하며 성경은 해석자의 시각과 시대적 상황에 따라서 다양한 해석과 교훈을 준다고 주장합니다.

그리고 복음주의자들은 성경이해의 가장 중요한 원리로서 '계시의 점진성(progressive revelation)'을 주장하며 성경을 역사적인 관점에서 이해하는 '언약 성취사(시대별 언약과 성취의 구조)'라는 신학적인 틀을 가지고 해석합니다.

이는 계시의 주체이시며 구원의 역사를 이루어 가시는 하나님의 관점에서 성경을 이해하는 것이 아니라 사람과 세상의 관점으로 바라보는 인본주의 사상입니다. 결국 저들은 성경이 삼위일체 하나님께서 계시하신 하나의 통일된 계시이며 통일된 언약이라는 사실을 간과하고 있습니다.

개혁주의 신학(Reformed Theology)에서는 자비로우신 하나님께서 오직 예수 그리스도 안에서 자신과 그의 영원한 경륜을 온전히 계시해 주신 것을 믿습니다. 실로 하나님은 계시의 주체이시며 수여자요 성취자이십니다.

성경은 예수 그리스도가 '생명의 주요 만물의 창조주(요 1:1-3; 골 1:16)이시며 '믿음의 주요 온전하게 하시는 이(히 12:2)'라고 말씀합니다. 또한 예수님께서도 친히 자신을 가리켜서 '나는 알파와 오메가요(Ἐγώ εἰμι τὸ Ἄλφα καὶ τὸ Ὦ) 다시 오실 전능한 자(계 1:8)'이시며 '시작과 마침(ἡ ἀρχὴ καὶ τὸ τέλος, 계 22:13)'이라고 선포하셨습니다. 이는 주님이 만물의 창조주요 주관자이시며 심판자이시며 완성자라는 사실을 명확히 계시하고 있습니다.

이제 모든 성도는 오직 성경에 계시된 하나님과 그의 영원한 경륜을 바르게 알고 사람중심의 인본주의 신앙에서 벗어나 하나님중심의 신본주의 신앙을 회복함으로 전능하신 하나님께 모든 영광을 올려드려야 할 것입니다.

2. 삼위일체 하나님

예수께서 나아와 말씀하여 이르시되 하늘과 땅의 모든 권세를 내게 주셨으니 그러므로 너희는 가서 모든 민족을 제자로 삼아 아버지와 아들과 성령의 이름으로 세례를 베풀고 내가 너희에게 분부한 모든 것을 가르쳐 지키게 하라 볼지어다 내가 세상 끝날까지 너희와 항상 함께 있으리라 하시니라(마 28:18-20).

참된 신앙은 '하나님을 아는 지식(The Knowledge of God)'입니다. 곧 여호와 하나님에 대한 바른 앎에서 바로 참된 신앙이 나오는 것입니다. 이 하나님의 참 진리는 삼위일체 하나님의 존재와 경륜, 본질과 위격, 속성과 사역에 대한 올바른 지식을 말합니다.

모든 사람이 창조주 하나님을 아는 것은 바로 피조물인 자신의 존재와 목적을 바르게 아는 길이며 또한 이 세상 가운데 자신의 고귀한 존엄성과 삶의 가치를 실현하는 유일한 길입니다.

전능하신 하나님께서는 사람을 고귀한 '하나님의 형상(진리, 거룩함, 의)'을 따라서 선한 존재로 창조하셨으며(창 1:27-31), 본래 사람은 창조주 하나님에 대한 바른 지식을 갖고 있었습니다(엡 4:24; 골 3:10). 하지만 사람은 자기의 교만과 탐심으로 말미암아 스스로 하나님께 불순종하고 범죄함으로 타락한 죄인이 되었습니다(창 3:1-6).

그런데 자비로우신 하나님께서는 그의 영원한 경륜을 따라 창세전에 택하신 자기 백성을 구원하시기 위해 그의 아들을 구속의 중보자로 보내셨습니다(요 3:16). 구주 예수 그리스도는 이 땅에 내려오셔서 우리의 죄를 대신하여 십자가에 죽으시고 부활하심으로 구속을 완성하셨습니다(빌 2:5-11). 또한 성령께서는 그의 은혜로 말미암아 택한 자들로 하여금 예수 그리스도를 믿음으로 구원받고 영생을 얻게 하셨습니다(요 14:16-17, 26).

모든 성도는 예수 그리스도 안에서 거듭난 새 사람이 되었으며(고후 5:17; 엡 4:24), 창조주 하나님을 아버지라고 부르며 사는 거룩한 하나님의 자녀가 되었습니다(요 1:12). 또한 성령은 성도들을 진리 가운데로 인도하시고(요 14:16-17), 저들이 이 세상 속에서 그리스도를 닮아 가는 가운데 영원한 천국에 이르기까지 주님의 말씀 안에서 믿음으로 승리하는 삶을 살아가도록 선한 일(ἔργον ἀγαθόν, a good work)을 행하고 계십니다(빌 1:6).

지금도 성령께서는 하나님의 자녀들이 성경의 참 진리 안에서 창조주요 구원자이신 여호와 하나님을 바르게 알도록 인도하시고 나아가 저들이 선한 일을 열심히 하는 자기 백성이 되어 하나님을 기쁘시게 하며 살아가도록 도우십니다(딛 2:11-14).

삼위일체 하나님의 존재

주 여호와 하나님을 아는 지식은 기독교 신앙의 뿌리요 본질입니다. 이는 성경에 계시된 하나님의 존재와 사역에 대한 진리 곧 정통 삼위일체론과 하나님의 영원한 경륜에 대한 참된 이해를 말합니다.

모든 성도는 우리의 구원을 위해 영원한 경륜 곧 특별한 구속의 사랑을 가지고 일하시는 하나님을 바르게 알아야 합니다. 그것은 우리에게 구원에 대한 견고한 확신을 갖게 하며 또한 이 세상에서 신자 됨의 올바른 정체성을 가지고 참된 신앙생활을 살아가게 합니다.

기독교에서 '삼위일체(Trinity)'라는 용어는 성경에 기초하여 하나님의 존재를 가장 잘 설명해 주는 방식입니다. 이 용어는 일체(unitas)이신 여호와 하나님이 한 본질 혹은 한 실체로서 한 분 하나님이시지만, 삼위(tritas)의 위격적 구별이 있다는 말입니다.

우리가 삼위일체 하나님을 바로 이해하기 위해서 본질(οὐσία)'과 '위격(ὑπόστασις)'이라는 용어에 대해서 알아야 합니다. 먼저 하나님의 '일체되심'이란 삼위가 한 본질(essence)과 한 실체(substance)로서 존재하시는 신적 본질의 동일성 혹은 통일성을 말하며 다음으로 삼위의 위격(hypostasis)이란 인격(προσωπον, person) 혹은 실재(existence, subsistence)의 구별을 위해 사용하는 것입니다.

먼저 삼위일체 하나님의 본질에 대해서 삼위가 동일신성을 공유하시고 동일본질'(ὁμοούσιος)'을 가지신 한 실체로 존재하시는 '한 분 하나님'이심을 말합니다. 그것은 '삼위가 그의 권능과 영광과 본질과 속성에 있어서 결코 차별이 없으시고 동등하시다'라는 것과 '삼위는 한 신성을 가지신 채로 영원한 연합을 이루고 계신다'라는 것입니다.

삼위가 한 분으로 계시는 여호와 하나님은 영원한 자존자이시며 최고선이시요, 전지전능하시고 무소부재하신 하나님이십니다. 또한 그는 완전한 지혜와 사랑과 은혜, 진리와 거룩함과 의로 만물과 사람을 창조하시고 통치하시는 만유의 주이십니다.

다음으로 삼위는 위격적 상호관계에 따라서 구별되십니다. 이는 성경의 계시에 따라 시간적 순서가 아닌 논리적 순서로 말하는 것이며 삼위가 동일본질을 가지신 채로 위격적으로 구별되어 존재하신다는 것입니다.

그래서 제1위이신 성부가 계시며, 다음은 제2위이신 성자가 계시고, 마지막으로 제3위이신 성령이 계십니다. 이것은 하나님의 본질에 대한 것이 아니라 삼위의 위격적인 상호관계에 대한 것입니다.

이것은 삼위의 존재적 선후관계가 아니라 논리적이고 무시간적인 관점에서 '성부로부터 성자의 영원발생(begotten)'과 '성부와 성자로부터 성령의 영원발출(proceeding)'을 말합니다. 즉 영원부터 삼위가 한 분 하나님으로 존재하시는데 '성부는 성자를 대하여 항상 성부이시며 성자는 성부를 대하여 항상 성자이시고, 성령은 성부와 성자로부터 항상 나오신다'는 것입니다.

결론적으로 개혁주의 신학은 삼위일체 하나님에 대하여 '주 여호와 하나님은 참되고 유일하신 하나님이시다. 이 한 분 하나님 안에는 삼위 곧 성부와 성자와 성령이 계시는데 이 삼위가 곧 한 분 하나님이시다'라고 고백하고 있습니다.

삼위일체 하나님의 사역

주 여호와 하나님은 삼위가 동일본질을 가지신 한 분 하나님으로 존재하시며, 모든 사역에 있어서 삼위 하나님은 통일된 한 실체로서 통일된 경륜을 가지고 통일된 사역을 하십니다. 이는 하나님과 피조물과의 근원적 관계와 사역적 관계로 나누어 살펴볼 수 있습니다.

먼저 삼위 하나님은 피조물과의 존재적 관계에서 한 본질을 가지신 한 분 하나님으로서 영원부터 천지만물의 한 근원이시며 영원한 주재자이십니다. 즉 영원히 삼위일체로 존재하시는 하나님이 모든 피조물의 경배와 영광을 함께 받으시는 만유의 주시며 만왕의 왕이십니다.

다음으로 피조물과 사역적 관계에 있어서 삼위의 위격적 사역에는 상호간에 구별이 있으나 동시에 사역하시며 분리되지 않으신 채로 통일적으로 사역하셔서 그의 통일된 계획을 이루십니다.

여기서 삼위의 역사 내에서의 사역은 위격적 상호관계에 있어서 보내심의 관계 곧 '파송(ἀποστέλλω, send)'으로 이루어집니다. 우선 성부는 성자를 보내시는데 성자는 하나님의 본체로서 성부와 동일하시지만 영원한 경륜을 따라 자신을 비하하심으로 종의 형체를 가지시고 이 땅에 오셨습니다. 그리고 성부와 성자는 성령을 보내시는데 성령도 하나님의 영원한 경륜을 따라 이 세상에 오신 것입니다.

결국 하나님의 '구속경륜(the plan of redemption)'은 성부께서 성자와 성령의 두 손을 통하여 일하심으로 성취된다고 말할 수 있습니다. 즉 삼위의 사역이란 영원부터 하나님께서 작정하신 하나의 통일된 경륜을 이루시기 위한 삼위의 통일된 사역을 말하며 그것은 하나님의 비분리적이고 동시적인 사역을 말합니다.

한편 하나님께서 그의 영원한 경륜을 따라 일하실 때에 성부가 주재자로, 성자는 구속주로, 성령은 실행자로 불립니다. 그래서 모든 영광이 삼위일체 하나님께로 통일적으로 귀속되는 것이지만, 그 역사 내의 사역은 삼위의 대표성을 따라 창조의 영광은 성부에게, 구속의 영광은 성자에게, 능력의 영광은 성령에게 돌려진다고 말합니다.

그리고 하나님께서 영원한 구속경륜을 세우시고 그것을 역사 속에서 실행함에 있어서 '성부로부터(from) 성자 안에서(in) 성령으로 말미암아(through)' 이루고 계십니다. 이러한 하나님의 동시적이고 분리되지 않는 사역은 하나님의 실체적인 통일성과 영원한 연합에 근거하고 있습니다. 즉 구원은 성부의 영원한 선택과 성자 예수 그리스도의 구속과 성령의 인침으로 말미암은 것입니다.

삼위일체 하나님은 그의 영원한 경륜을 따라 우리의 구원을 위해 일하십니다. 성경은 유일하신 참 하나님과 그가 보내신 자 예수 그리스도를 아는 것이 '영생(αἰώνιος ζωὴ, eternal life)'이라고 말씀하고 있습니다(요 17:3). 이제 모든 성도는 주 예수 그리스도 안에서 삼위일체 하나님과 그의 영원한 경륜을 바르게 알고 행함으로 창조주요, 구원자이신 주 여호와 하나님께 온전한 영광을 돌려야 할 것입니다.

[삼위일체 여호와 하나님]

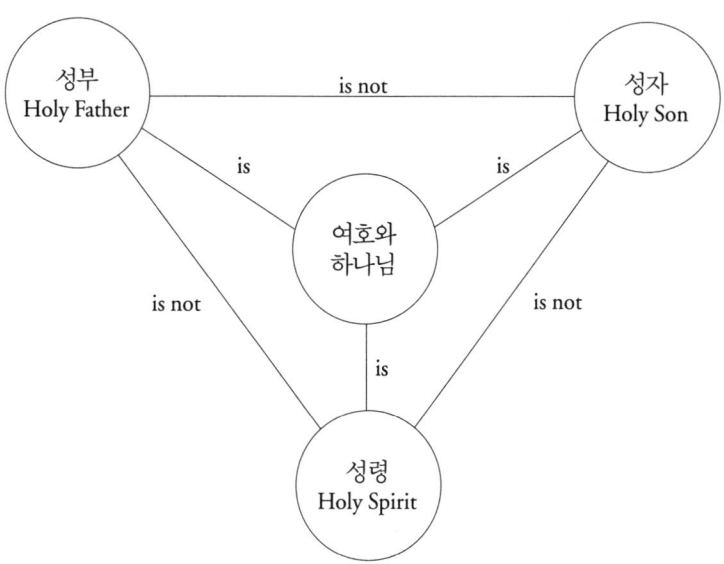

삼위일체 여호와 하나님(The Trinity of God)				
\multicolumn{2}{c}{존재}	\multicolumn{3}{c}{사역}		
일체	1본질(essence), 1실체(substance)	삼위	\multicolumn{2}{c}{3위격(hypostasis), 3인격(person)}	
삼위 일체	참되고 유일하신 여호와 한 분 하나님 (동일본질, 단일신성)	특성	구별	삼위의 비분리 동시 사역 (통일경륜, 통일사역)
성부	하나님 아버지 성부가 성자를 낳으심 (begetter)	주재 계획	창조주 (창조)	성부의 파송 작정과 예정 창조와 섭리
성자	하나님의 아들 성부로부터 성자의 영원 발생 (begotten)	말씀 계시	중보자 (구속)	성자의 성육신 구속사역 위격적 연합 비하와 승귀
성령	하나님의 영 성부와 성자로부터 영원 발출 (proceed)	능력 적용	보혜사 (성화)	성령의 강림 진리의 영 택자의 구원 중생, 성화, 영화
\multicolumn{5}{c}{여호와 하나님—성부 성자 성령, 삼위가 한 분이신 하나님(3 Persons in 1 Substance)}				

3. 신론에 대한 제 견해

일신론

이 견해는 기독교의 참되고 유일하신 삼위일체 여호와 하나님을 부정하고 삼위 곧 성부나 성자 혹은 성령 중 한 위격만을 신으로 인정하는 '단일신론(monarchianism)'을 말합니다. 오늘날 유대교나 여호와증인과 같은 이단은 오직 성부만을 하나님으로 인정하고 성자와 성령의 존재나 신성을 인정하지 않습니다. 또한 이슬람교도들도 기독교와는 다른 형태로 만든 '알라신'을 숭배하는 단일신론주의자들이라고 말할 수 있을 것입니다.

초기 기독교 시기에 일부 교회 지도자들과 이단사상가들이 성부만을 신성의 근원으로 보고 성자나 성령은 피조된 존재로 보았습니다. 당시 교회 지도자들 가운데에는 어떤 사람들은 삼위를 신으로 인정한다고 하면서도 성부가 곧 성자요 성령이라고 하는 '양태론적 단일신론'을 주장하였으며 또한 다른 사람들은 오직 성부만이 참 신이며 두 위격은 성부와 유사 본질을 가지고 있으나 성부에게 종속된 존재라 하는 '종속론적 단일신론'을 주장하기도 했습니다.

삼신론

이 견해는 기독교의 정통 삼위일체론을 부정하고 성부와 성자와 성령의 삼위를 완전히 분리된 세 분 하나님으로 이해하는 것입니다. 또한 세 분의 신이 각각 분리되어 존재하면서도 공동제직으로 연합하여 일한다는 주장입니다.

'삼신론(tritheism)'은 변형된 단일신론에 불과합니다. 그래서 성부와 성자와 성령이 같은 하나님이 아니라, 성부만을 단일한 신으로 놓고 삼위가 서로의 본질이나 속성이나 권능이 다르다는 '계급론적 삼신론' 혹은 '종속론적 삼신론'을 주장하고 있는 것입니다. 결국 삼신론자들은 교회사적으로 삼위 가운데 한 위격만을 신으로 인정하고 두 위격을 그와는 다른 존재로 보았는데 그들은 이를 변호하기 위해 '속성교류(περιχώρησις, 상호 내재)'와 같은 비성경적 이론을 만들기도 하였습니다. 하지만 서로 다른 본질이나 속성을 가진 삼위가 분리된 채로 자신의 속성을 상호 교류하여 연합하고 있다면, 이는 곧바로 삼위일체가 아니라 '삼위구체'나 '구위삼체'와 같은 괴상한 존재가 되어 버릴 것입니다.

범신론

이 견해는 우주만물이 전체로서 하나의 신적 존재이며 또한 그것을 구성하고 있는 모든 피조물도 그 신적 존재를 이루고 있는 신들이라고 주장하는 것입니다. 이는 우주나 자연을 신으로 숭배하며 그 속에 존재하는 사물이 우주로부터 나오고 다시 우주로 돌아간다는 고전적인 자연주의적 신론 사상입니다.

'범신론(pantheism)'은 모든 만물의 중심을 인간으로 보는 인본주의에 기초를 둔 거짓 사상입니다. 단지 인간을 신적인 존재로 높이는 인본주의 자연종교인 동시에 우주만물이 오직 인간을 위해 존재한다는 인본주의 자연철학에 불과합니다.

다신론

이 견해는 범신론의 일종으로서 삼위일체론을 부정하고 다른 신관을 주장하는 것입니다. 초기 기독교 가운데에서는 성부와 성자를 다른 신으로 보거나, 성부와 성자는 하나님으로 인정하면서도 성령을 부인하는 자들이 있었는데 그들은 성령을 하나님의 능력이나 힘 정도로 보았으며, 이로써 성부와 성자의 존재와 관계에 대해서도 부정확한 이해를 갖고 있었습니다.

'다신론(polytheism)'과 관련하여 중세 로마가톨릭교회에서는 마리아를 하나님의 어머니라고 하여 신적 존재로 숭배하기 시작하였습니다. 그런데 이단들 가운데에서도 교주가 자신을 하나님이라 칭하기도 하고 교주가 죽은 후에는 교주의 부인을 하나님 어머니라고 부르며 숭배하는 마귀적이고 참람한 자들이 많이 있습니다.

이원론

이 견해는 고대 서양철학의 이원론에 근거하여, 범신론적 신의 세계에는 선한 신과 악한 신이 존재한다고 주장하는 것입니다. 또한 이 세계는 선과 악, 영과 육체, 정신과 물질, 빛과 어둠, 현세와 영세, 실재와 초월 등의 대립하는 이원론적 구조로 이루어졌다고 말합니다. 이들은 선한 신과 악한 신, 선한 질서와 악한 질서, 선한 영과 악한 육의 투쟁을 통하여 마침내 악의 질서나 육적 세계를 벗어나 선하고 영원한 신의 세계로 들어가는 것이 구원이라고 주장합니다.

'이원론(dualism)'을 주장해 온 것이 바로 영지주의자들입니다.

이들은 인간이 창조된 것이 아니라 신으로부터 유출되었으며, 인간의 영혼은 이 세상과 육체라는 감옥에 갇힌 채로 태어난다고 말합니다. 또한 이러한 악한 육체와 세상에서 벗어나 구원받기 위해서는 신의 사자로부터 특별한 지식 곧 '영지(γνῶσις)'를 받아야 하며 그 영지를 가진 자들과 함께 수도와 수양을 통해서 마침내 신의 경지에 도달할 수 있다는 이단사상을 주장하였습니다.

무신론

이 견해는 인간의 합리적인 이성과 사유를 통하여 논리적으로 신이 존재하지 않는다고 주장합니다. 이 '무신론(atheism)'은 '불가지론(agnosticism)'처럼 인간의 이성적 사유로는 신의 존재를 증명할 수 없으므로 신을 인정할 수 없다는 것입니다.

인신화론

이 견해는 인간이 신이 될 수 있다고 주장하는 것으로써, 동양의 '신인합일론'이나 현대의 '뉴에이지운동'과도 동일한 사상입니다. 역사적으로 힌두교와 불교 등의 고대종교가 바로 인간이 수도나 수양을 통해서 신비한 승화와 신이 되거나 신의 경지에 도달할 수 있다고 주장하는 사상입니다.

기독교회사 속에서도 초기부터 영지주의는 인간을 신의 파편으로 보아 '인신화(deification)'를 추구하였으며, 오늘날에도 지방교회와 신천지 등 인간이 종교적 수양과 공덕을 통하여 자신의 육체 그대로를 가진 채로 신이 된다는 거짓 교리를 주장하는 수많은 이단이 있습니다.

자연신론

이 견해는 근세시대의 유신론적 종교철학자들이 주장해 오던 이론으로서 천지를 창조한 하나의 절대신을 인정하면서도 그 신은 피조세계를 창조한 뒤에는 세상과는 분리되어 별도로 존재한다고 하는 이분법 사상에서 나온 것입니다. 즉 이 세계는 신과 분리된 채로 신이 부여한 자연법칙과 진화의 잠재된 능력을 따라서 스스로 운행되고 발전해 나간다는 사상입니다.

이 '자연신론(deism)'은 인간은 스스로 신이 주신 자신의 이성을 활용하여 피조세계 속에서 신의 원리나 법칙을 찾아 적응하며 살아야 한다는 인본주의적이고 유물주의적인 '자연철학'을 낳았으며 그것은 다시금 역사와 만물이 일정한 법칙을 따라 지속적으로 발전하고 진보한다는 '변증법적 유물사관'과 '진화론'으로 이어졌습니다.

오늘날에는 로마가톨릭교회와 함께 기독교 자유주의 진영에서 자연신론을 '유신진화론(theistic evolution)'이란 이름으로 폭넓게 수용하고 있습니다. 또한 복음주의 교회들도 '오래된 지구론'과 함께 '유신진화론'을 추종하고 있는 실정입니다.

결국 자연신론은 살아 계신 하나님과 그의 섭리를 부정하고 성경의 신적 권위나 무오성을 부인하는 사상이며, 하나님께서 성경을 통하여 특별히 계시하신 구속의 언약과 복음으로 죄인을 구원하시는 영적인 일과 무관한 비성경적이고 자연주의적이며 세속적인 철학이론에 불과합니다.

제2장
경륜의 체계

1. 하나님의 영원한 경륜

찬송하리로다 하나님 곧 우리 주 예수 그리스도의 아버지께서 그리스도 안에서 하늘에 속한 모든 신령한 복을 우리에게 주시되 곧 창세전에 그리스도 안에서 우리를 택하사 우리로 사랑 안에서 그 앞에 거룩하고 흠이 없게 하시려고 그 기쁘신 뜻대로 우리를 예정하사 예수 그리스도로 말미암아 자기의 아들들이 되게 하셨으니 이는 그가 사랑하시는 자 안에서 우리에게 거저 주시는 바 그의 은혜의 영광을 찬송하게 하려는 것이라(엡 1:3-6).

주 여호와 하나님께서는 만사를 그의 뜻대로 경영하시되, 영원부터 그의 영광을 위하여 그의 기쁘신 뜻대로 하나의 거룩하고 완선한 계획을 정하시고 그 영원한 목적을 성취해 나가시는데 이것을 가리켜서 '하나님의 영원한 경륜(God's eternal economy)'이라고 말합니다.

자비로우신 하나님의 영원한 경륜은 곧 사람을 향한 특별한 구속의 계획과 실행을 말하며 하나님은 그것을 창조와 구속의 사역을 통해 죄인에게 영생과 천국을 베푸심으로 이루십니다. 아울러 그 영원한 경륜 안에는 다음과 같은 주요 특징이 있습니다.

첫째, 하나님의 영원한 경륜은 하나님의 신적 본질과 속성에서 나왔습니다. 다시 말해서 하나님의 존재와 사역이 분리될 수 없다는 것입니다.

먼저 삼위가 영원히 동일본질을 가지신 한 분으로 존재하신다는 하나님의 '신적 본질(the one divine substance)'에서 하나의 통일된 경륜이 세워졌으며 또한 하나님의 '신적 속성(divine attributes)'으로부터 만물과 사람을 향한 크고도 놀라운 계획이 세워졌습니다(엡 1:3-6). 이는 하나님의 영원한 경륜이 한 분 하나님의 선하심, 완전한 지혜, 자비롭고 은혜로우심, 거룩하시고 의로우심 그리고 전지전능하시고 무소부재하신 그의 신적 속성으로부터 나왔다는 것을 의미합니다.

둘째, 하나님의 영원한 경륜은 하나님의 주권적이고 자유로우신 신적 의지에서 세워진 것입니다. 하나님의 경륜이 삼위가 동일본질을 가지신 한 분 하나님으로서 하나의 절대적이고 단일한 의지로부터 나온 하나의 통일적이고 단일한 계획임을 말하는 것입니다(엡 1:5-11; 계 4:11).

전능하신 하나님의 의지가 모든 것의 원인입니다. 만물과 사람의 창조주이신 하나님께서 그의 주권적인 의지로 영원부터 저들을 향해 모든 일을 친히 계획하시고 실행하시는 것입니다.

성경을 보면, 하나님께는 은밀한 의지와 계시된 의지가 있음을 보게 됩니다(신 29:29). 여기서 하나님의 경륜은 영원부터 작정하신 의지이며(단 4:17; 롬 11:34; 엡 1:5) 또한 하나님께서 그 감춰진 경륜을 사람에게 계시하시는 의지입니다(마 7:21; 요 4:34; 롬 12:2). 즉 하나님의 경륜은 영원한 계획과 목적에 대한 작정과 그것을 역사 가운데 성취하시는 수단과 방법 및 실행과정에 대한 섭리의 사역을 포함하고 있습니다.

셋째, 하나님의 영원한 경륜은 '하나님의 영원한 의논(God's eternal counsel)'으로 이루어졌습니다. 또한 삼위의 영원하고도 일치된 의논을 통해서 경륜의 내용과 실체가 정해졌습니다.

성경은 하나님의 거룩한 사역의 기초가 하나님의 의논(עֵצָה, counsel, designs)에서 나왔다고 말합니다(창 1:26; 사 41:21-23; 슥 6:12-13; 고전 2:7; 엡 1:11, 3:11; 딤후 1:9; 딛 1:2; 계 4:11). 이것을 삼위일체 하나님의 영원한 협의'라고 말하며 '구속 의논(counsel of redemption)' 혹은 '평화의 의논(the counsel of peace)'이라고도 부릅니다.

하나님의 영원한 의논은 그의 절대의지에 기초한 것으로 성부가 성자를 구속의 중보자로 보내시고 성자가 택자들의 구속을 성취하기로 언약을 맺으신 것이며(요 17:4), 성부와 성자가 성령을 보내사 성자의 구속을 택자들에게 적용하여 구원하시기로 언약하신 것입니다(엡 1:14). 또한 구속의 대상인 자기 백성을 특별히 선택하시고 그들을 구원하여 영생을 주시기로 미리 작정하신 것입니다. 즉 하나님의 경륜은 '영원한 언약(the everlasting covenant)'에 기초를 두고 있습니다.

그리고 하나님의 '구속언약(covenant of redemption)'은 구주 예수 그리스도 안에서 구속을 이루시고 창세전에 택한 자기 백성을 죄와 사망에서 구원하심으로 저들로 하여금 하나님께 모든 감사와 찬송으로 영광을 돌리게 하시는 것입니다(엡 1:3-12). 이와 같이 하나님의 영원한 경륜이 '구속언약'에 근거하고 있으며, 성경의 모든 언약이 예수 그리스도가 이루시는 '구속'을 계시하고 있기 때문에 이를 가리켜서 '구속경륜(the plan of redemption)'이라 부릅니다.

결국 하나님께서 성경을 통해 계시하신 구원의 약속은 그의 영원한 '구속언약'에 기초를 두고 있으며, 이 구속언약에서 예수 그리스도로 말미암아 죄인들을 저희 죄와 사망에서 구원하시는 특별한 구속의 복을 베푸시는 '은혜언약(covenant of grace)'이 나왔습니다. 그러므로 하나님의 구속언약은 은혜언약의 원천이며 토대인 것입니다.

아울러 하나님의 구속언약은 영원한 구속경륜을 이루시기 위한 역사적이고 실제적인 약속과 계획입니다. 그것은 성부가 택하신 자들을 구원하시기 위한 구속의 중보자로 성자를 보내시는 것이며 또한 성부와 성자가 보혜사 성령을 그리스도가 이루신 구속을 택자들에게 적용하시고 저들을 구원하시기 위해 보내시는 일입니다.

삼위일체 하나님께서는 영원한 의논을 통하여 구속언약을 맺으시고 그의 영원한 구속경륜을 세우셨습니다. 또한 그 영원한 경륜을 따라서 복음과 성령의 은혜로 말미암아 우리의 구원을 이루십니다.

2. 하나님의 영원한 경륜의 체계(엡 1-6장)

첫째, 경륜의 주체. 생명의 창조주요 만복의 근원이신 여호와 하나님은 사랑의 하나님이십니다(요 3:16; 롬 5:8; 요일 4:8). 자비로우신 하나님은 그의 영원한 사랑과 기쁘신 뜻대로 특별한 구속경륜을 세우시고 성취하심으로 사람에게 구원의 은총과 하늘에 속한 모든 신령한 복을 내려 주시는 참되고 유일하신 하나님이십니다(엡 1:3).

둘째, 경륜의 내용. 구원은 하나님 아버지께서 창세전에 그리스도 안에서 우리를 택하시고(1:4), 성자 예수 그리스도께서 오셔서 죄인들의 구속을 이루시며(1:7), 성령께서 그의 은혜로 말미암아 우리로 하여금 복음을 듣고 그리스도를 믿음으로 하나님의 자녀가 되게 하시는 것입니다(1:13-14). 이로써 하나님은 그가 택하시고 구원하신 성도들을 그 앞에서 거룩하고 흠이 없게 하시고(1:4) 또한 그들을 통하여 하나님께 영원히 은혜의 영광을 찬송하게 하시는 것입니다(1:6, 12, 14).

셋째, 경륜의 원인. 하나님의 영원한 구속경륜은 자비롭고 은혜로우신 하나님의 의지와 기쁘신 뜻에서 나왔습니다. 즉 지극히 선하신 하나님의 자유로우신 의지와 그의 기쁘신 뜻 가운데 작정하신 일, 곧 영원한 예정을 통하여 크고도 놀라운 구속경륜과 구원의 계획이 세워진 것입니다.

창세전에 하나님께서는 우리를 그리스도 안에서 택하시고 우리에게 영생을 주시기로 작정하셨습니다(1:4-5, 9-11). 또한 하나님께서는 영원부터 작정하시고 감추신 구원의 놀라운 계획을 예수 그리스도의 구속을 통하여 성취하셨습니다(1:7). 그리고 하나님께서는 성령으로 말미암아 그리스도 안에서 '하나님 뜻의 비밀' 곧 '때가 찬 경륜'을 이루어 주셨습니다(1:9).

넷째, 경륜의 동기. 구속경륜은 하나님의 거룩한 속성으로 말미암은 것입니다. 그 경륜은 지극히 선하신 하나님의 지혜(1:5, 8, 1:11)에서 그의 기쁘신 뜻과 계획이 나왔으며, 우리의 구원은 하나님의 사랑(1:4)과 은혜(1:6)로 베푸신 하나님의 선물입니다. 즉 구원의 동기는 하나님의 영원한 사랑과 풍성한 은혜에 있습니다(2:4-9).

다섯째, 경륜의 실체. 구속경륜은 하나님 아버지께서 성자를 구속의 중보자로 세상에 보내시는 것입니다. 성자 예수 그리스도는 친히 경륜의 주체이자 또한 그 경륜의 실체가 되셨습니다. 예수 그리스도는 하나님의 영원한 경륜의 주인공으로서 이 세상에 중보자로 오셔서 자신을 대속제물로 드리심으로 구속경륜을 이루시고(1:7), 그를 믿는 자에게 구원과 영생을 주시는 분이십니다(1:5).

여섯째, 경륜의 대상. 하나님께서는 창세전에 그의 기쁘신 뜻대로 그리스도 안에서 구원받을 자들을 택해 주셨습니다. 먼저 그리스도를 구속의 중보자로 예정하신 것이며 다음으로 그리스도 안에서 택한 자들에게는 사랑으로 구원의 은총을 베푸시고(1:4) 또한 다른 이들에게는 공의로 저들의 죄악을 따라 심판하시기로 작정하신 것입니다.

하나님의 자녀가 되기 전에 우리 모두는 죄 가운데 태어나서 허물과 죄로 죽은 자요, 마귀의 종노릇하며 살아가던 진노의 자녀들이었습니다(2:1-3). 또한 창조주 여호와 하나님을 알지 못하는 이방인이요, 하나님과 무관하고 세상에 소망이 없는 자들이었습니다(2:12). 그러나 하나님께서는 그의 기쁘신 뜻을 따라 그리스도 안에서 우리를 구원하시고(1:4, 2:4-6), 영원부터 예비하신 하늘의 모든 신령한 복을 우리에게 베풀어 주셨습니다(1:3).

일곱째, 경륜의 계시. 구속경륜은 하나님께서 사람에게 계시해 주신 참 진리입니다. 하나님은 성도로 하여금 특별한 구속의 계시로 그의 지혜와 총명을 넘치게 하사 그의 감추신 진리를 온전히 알게 해 주셨습니다(1:8-9). 그것은 삼위일체 하나님과 그의 영원한 구속경륜을 성도들에게 알려 주신 것입니다.

하나님의 영원한 경륜은 성경에서 특별히 언약을 통해 우리에게 계시되었습니다. 그것은 영생, 곧 예수 그리스도와 하나님을 아는 참된 지식(요 17:3; 벧후 1:2) 곧 구원에 이르는 참된 지혜(딤후 3:15)와 성도의 삶에 필요한 모든 진리를 담고 있습니다(딤후 3:16-17).

성령께서는 우리로 하여금 하나님의 영원한 경륜을 따라서 예수 그리스도 안에서 우리를 구원하신 부르심의 소망과 그 기업의 영광과 능력의 지극히 크심을 알게 하시고(1:18-19) 또한 예수 그리스도의 영광과 권세로 말미암아 그의 교회와 성도들에게 베푸신 참되고 영원한 축복을 누리게 하십니다(1:20-23).

본래 하나님의 경륜은 영원부터 감추어진 비밀이었습니다(3:9). 그런데 하나님께서는 이 경륜을 그가 부르신 사도들과 선지자들을 통하여 계시로 나타내 주셨습니다(3:3-5). 곧 성령과 진리의 일꾼들을 통하여 그리스도 안에서 예정하신 대로 하나님의 택하신 백성들과 교회에게 알리신 것입니다(3:6-7, 9-11).

그런데 하나님께서 그리스도의 풍성함을 따라 영원한 비밀의 경륜과 하나님의 풍성한 지혜를 알리신 것은 성도로 하여금 믿음의 확신과 삶의 담대함을 주기 위함입니다(3:12-13). 또한 우리가 하나님의 영광의 풍성함과 성령 안에서 영혼의 강한 능력, 믿음과 사랑, 지식의 부요함 및 그리스도의 사랑과 참되고 영원한 복으로 충만한 참된 신앙에 이르도록 베풀어 주신 것입니다(3:16-19).

여덟째, 경륜의 실행. 삼위일체 하나님께서는 그의 기쁘신 뜻대로 하나의 통일된 경륜을 세우시고 통일된 사역으로 완성하십니다. 즉 성부로부터 성자 안에서 성령으로 말미암아 구속경륜을 이루십니다. 성부께서는 영원한 경륜을 따라 중보자 성자와 보혜사 성령을 보내시고 중보자 예수 그리스도의 구속과 성령의 은혜로우신 역사로 그 경륜을 이루십니다. 그런데 하나님의 구속경륜은 그리스도 안에서 택하신 자기 백성을 위하며 또한 예수 그리스도의 구속은 오직 택자들 만을 위한 것입니다(1:4-5, 10-11).

아홉째, 경륜의 목표. 구속경륜의 목표는 그리스도 안에서 창세전에 택함 받은 자들이 구원받고 하나님의 백성이 되게 하시고 또한 저들로 말미암아 거룩한 영원한 하나님 나라를 세우시기 위함입니다.

모든 성도는 선한 일을 통해 오직 하나님께 영광을 돌리기 위해 지음 받은 자들입니다(2:10). 그러므로 하나님의 거룩한 말씀 위에 자신의 믿음을 굳게 세우고 복음을 대적하는 악한 자들과 이단들과 싸워서 승리하며 또한 주의 잃은 양들이 하나님의 은혜로 말미암아 예수 그리스도를 믿음으로 구원을 얻도록 힘써 복음을 전파해야 할 것입니다.

그리고 하나님의 자비롭고 은혜로우신 경륜을 바로 아는 가운데 성령의 하나 되게 하신 것과 그리스도 안에서 화평을 지켜야 합니다(4:1-6). 또한 그리스도의 몸 된 교회를 견고히 세우기 위해서 진리 안에서 각자의 부르심과 은사의 분량대로 주신 은혜를 따라 행하여야 할 것입니다(4:7-12). 그리하여 하나님을 믿는 것과 아는 일에 하나 된 교회를 이루고 모두가 복음과 진리 안에서 온전한 사람이 되어 그리스도의 장성한 분량이 이르도록 해야 할 것입니다(4:13-16).

성령은 우리에게 은혜를 베푸사 그리스도를 믿음으로 구원을 얻고 하나님의 자녀로 인치시며 또한 그들을 진리로 인도하사 하나님을 알게 하시고 저들이 하나님의 뜻을 따라 선을 행함으로 하나님을 기쁘시게 하는 사람이 되도록 은혜를 베풀어 주십니다.

열째, 경륜의 실천. 구속경륜은 성도의 신앙과 삶을 올바른 방향으로 인도합니다. 성령께서는 성도로 하여금 하나님의 영원한 경륜을 밝히 알게 하심으로 그를 경외하고 신뢰하며 또한 하나님의 선하신 뜻을 따라 살아가도록 도우십니다. 그것은 우리가 옛 사람을 버리고 그리스도 안에서 새 사람 된 하나님의 자녀로서 진리 안에서 거룩함과 의를 회복하며 살아가게 하시는 것입니다(4:21-24).

모든 성도는 빛의 자녀로서 모든 어둠의 일을 버리고 진리와 선함과 의로움으로 행하여야 합니다(5:8-9). 또한 이 악한 세대 가운데 하나님의 거룩한 지혜로 선한 것과 악한 것을 분별하며 날마다 성령의 충만을 받아 주를 기쁘시게 할 것이 무엇인가를 생각하고 살아야 할 것입니다(5:15-18).

그리고 모든 성도는 그리스도의 제자로서 잃어버린 영혼을 구원하는 복음의 제사장과 하나님 나라 일꾼의 사명을 다하여야 합니다. 먼저 하나님과 복음을 대적하는 마귀를 대적하기 위해서 하나님의 전신갑주를 입어야 합니다(6:11-13). 이는 우리가 사탄의 종들인 적그리스도와 거짓 선지자가 활동하는 타락한 세상 속에서 자신의 믿음을 굳건히 지키고 모든 이에게 생명의 복음을 전파하기 위함입니다. 이를 위해 진리의 띠와 의의 흉배, 평화의 복음의 신과 믿음의 방패, 구원의 투구와 성령의 검, 곧 하나님의 말씀으로 무장하고 오직 기도로 성령의 은혜와 권능을 힘입어 승리하는 그리스도 예수의 좋은 군사들이 되어야 합니다(6:14-20).

열한째, 경륜의 목적. 하나님의 영원한 구속경륜의 목적은 바로 전능하신 하나님께서 구속의 역사를 완성하심으로 그의 온전한 영광을 받으시는 것입니다. 삼위일체 여호와 하나님께서는 그의 영광을 위하여 그의 자유로우신 의지로 그의 기쁘신 뜻을 따라서 영원한 구속경륜을 세우시고 그의 권능으로 구속의 큰일을 성취하심으로써 그의 영원한 나라를 세우시고 완성해 나가십니다.

성령께서는 역사 속에서 하나님의 택한 자들을 그리스도 안에서 구원하사 하나님 나라의 거룩한 백성이 되게 하시고 또한 그들에게 은혜를 베푸사 온 세상에 복음을 전파하여 잃어버린 양들을 구원하는 하나님 나라의 일꾼으로 살아가게 하십니다.

종말로 하나님의 영원한 경륜은 주 예수 그리스도께서 재림하셔서 모든 악한 자들을 심판하여 벌하시고 또한 모든 성도에게 부활과 영생과 상급을 베풀어 주시며, 마침내 저들을 하나님의 영화로운 천국에 들이심으로 완성되어질 것입니다.

삼위일체 하나님께서는 그의 영원한 경륜을 따라 창세전에 우리를 택하시고 성령의 은혜로 말미암아 예수 그리스도 안에서 구원하사 거룩한 하나님이 자녀가 되게 하셨습니다.

　모든 성도는 하나님의 영원한 경륜 속에 나타난 우리를 향한 하나님의 크신 사랑과 풍성한 은혜를 인하여 생명의 창조주요 구원자이신 주 여호와 하나님께 모든 감사와 찬송으로 영원한 영광을 돌리며 살아가야 할 것입니다(엡 1:6,12,16).

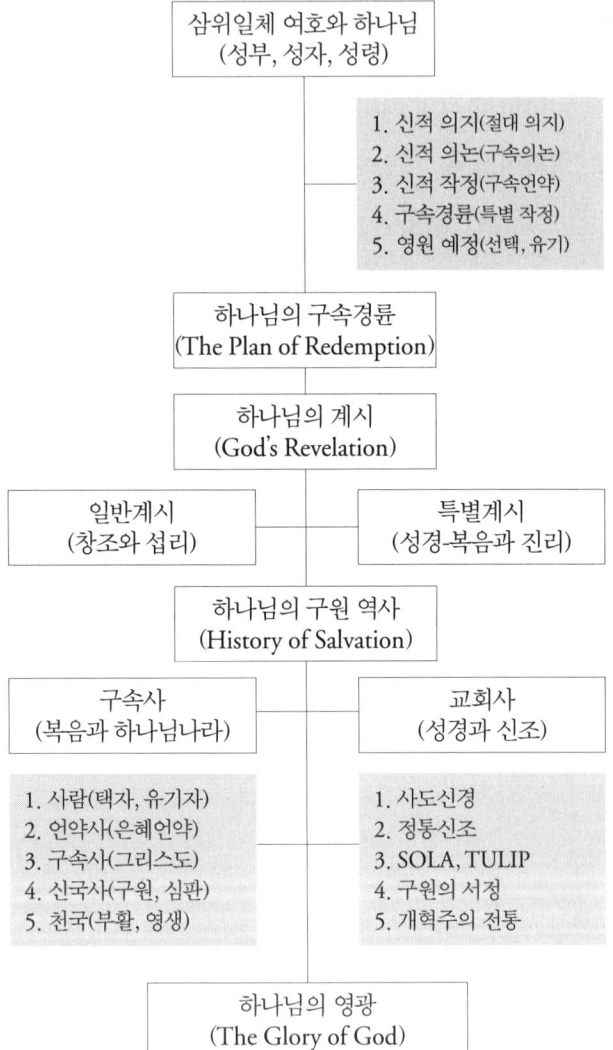

제2부
하나님의 경륜과 역사

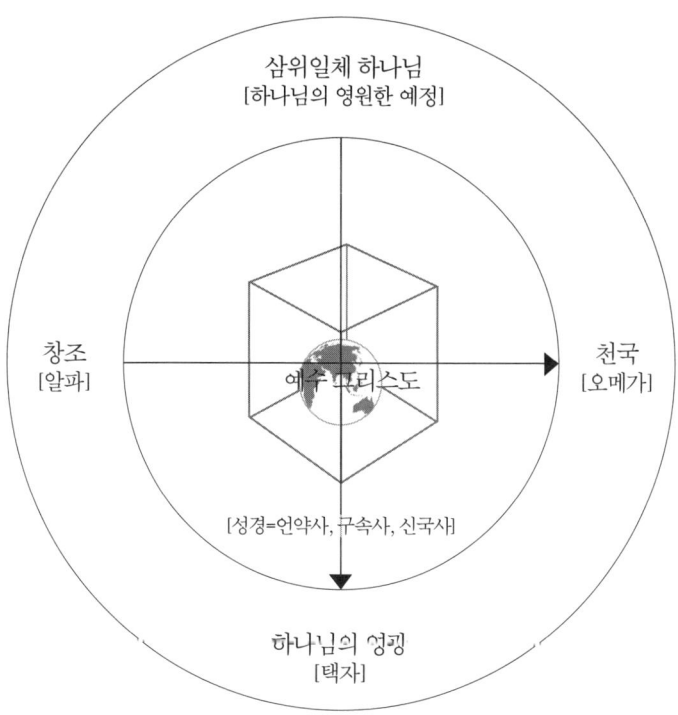

제1장
경륜의 내용

1. 하나님의 영원한 예정

모든 일을 그의 뜻의 결정대로 일하시는 이의 계획을 따라 우리가 예정을 입어 그 안에서 기업이 되었으니 이는 우리가 그리스도 안에서 전부터 바라던 그의 영광의 찬송이 되게 하려 하심이라 그 안에서 너희도 진리의 말씀 곧 너희의 구원의 복음을 듣고 그 안에서 또한 믿어 약속의 성령으로 인치심을 받았으니 이는 우리 기업의 보증이 되사 그 얻으신 것을 속량하시고 그의 영광을 찬송하게 하려 하심이라(엡 1:11–14).

주 여호와 하나님께서는 창세전에 그의 영광을 위하여 영원한 경륜을 세우셨는데 그것은 '하나님의 영원한 작정(God's Eternal Decree)'에서 나온 것입니다.

여기서 하나님의 작정사역(βουλή, a resolved plan, decree, 행 2:23,

20:27; 엡 1:11; 히 6:17)이란 삼위일체 하나님께서 그의 자유로우신 의지로 그의 기쁘신 뜻을 따라 영원부터 모든 일을 미리 결정하시는 것을 말합니다. 이러한 하나님의 신비로운 사역은 내적인 작정사역과 외적인 섭리사역으로 나누어 살펴볼 수 있습니다.

먼저 하나님의 내적사역이란 창세전의 무시간적인 사역으로서 만물이 생기기 전에 행하신 하나님의 자유로우신 의지에 기초한 사역을 말합니다. 이는 하나님께서 행하신 작정과 예정의 행위로서 그의 '영원한 경륜'을 세우신 것을 말합니다.

창세전에 삼위일체 하나님께서는 그의 영원한 의논을 통하여 '구속언약(covenant of redemption)'을 맺으셨는데 그것은 성부께서 성자 예수 그리스도를 택자를 위한 구속의 중보자로 보내시는 '구속경륜'을 작정하신 것입니다.

다음으로 하나님의 외적사역이란 그분의 작정에 의해 세워진 영원한 경륜과 뜻을 따라 역사와 만물을 창조하시고 섭리하시는 일체의 행위를 말합니다.

그런데 하나님의 영원한 작정 안에는 피조물인 사람을 위한 특별한 예정(πρόθεσις, predetermine, predestined before creation, 행 11:23; 롬 8:28, 9:11; 엡 1:9-11, 3:11; 딤후 1:9, 3:10)이 있었습니다. 아울러 '예정(predestination)'이란 하나님께서 영원부터 도덕적 피조물의 운명을 미리 정하시는 은혜로운 행위를 말하며 또한 이 예정과 함께 다뤄지는 '예지(foreknowledge)'란 하나님의 전지하심에 속한 사역으로서 그가 영원 전에 작정하신 모든 일을 역사 속에서 실제로 일어나거나 성취되기 전에 미리 아시는 능력을 말합니다.

한편 지극히 선하신 하나님께서 그의 영원한 구속경륜에 기초하여 사람의 장래를 미리 정하신 특별한 작정은 사람의 구원과 관계하여 '이중 예정' 곧 선택과 유기로 나누어집니다(마 11:25-27, 13:11-17; 요 10:26-30; 롬 9:21-22).

첫째, '선택(election)'이란 하나님께서 영원부터 어떤 자들을 특별히 택하시고 장차 그들에게 구원의 은총을 베푸셔서 예수 그리스도를 믿음으로 영생을 받고 천국에 들어가게 하시기로 미리 정하신 것을 말합니다(마 22:14; 롬 11:5; 엡 1:4; 살후 2:13). 이는 하나님의 기쁘신 뜻에서 나온 주권적이고 은혜로우신 불변의 작정입니다(엡 3:11; 딤후 1:9).

둘째, '유기(reprobation)'란 영원부터 택함 받지 못한 자들에게 은혜를 베풀지 아니함으로 그들이 하나님의 공의 가운데 저들의 죄악으로 말미암아 멸망하도록 버리시는 것입니다(마 11:25-26; 롬 9:13-24, 11:7; 벧전 2:8; 유 1:4). 흔히 유기의 작정이 하나님을 죄의 원작자로 만든다는 오해가 있지만 그 일의 먼 원인으로 하나님의 의지가 최종 원인이라고 하더라도 범죄한 사람은 그 일의 가까운 원인으로서 스스로의 의지적 타락으로 인하여 하나님의 공의의 형벌을 받게 됩니다.

그래서 하나님께서는 '긍휼의 그릇'과 '진노의 그릇'을 통하여 하나님의 풍성한 영광을 나타내십니다(롬 9:21-23). 하나님의 영원한 선택은 긍휼로 택자를 구원하시고 영생을 주시는 하나님의 유효적 의지에서 나온 특별한 사역이며, 유기는 공의로 다른 자들을 심판하시는 하나님의 비유효적 의지에서 나온 증명적 사역입니다. 모두가 그 원인은 하나님의 기쁘신 뜻에 있으며, 그 목석은 하나님의 영광에 있습니다.

자비로우신 하나님의 영원한 경륜 곧 사람을 향한 특별한 구속의 계획은 창세전에 하나님의 특별한 작정 곧 예정으로 시작되었습니다. 먼저 그것은 영원부터 예수 그리스도를 죄인들을 위한 구속의 중보자로 선택하신 것입니다.

또한 하나님께서는 그리스도 안에서 영생에 이르도록 은혜를 베푸실 자들을 미리 선택하셨는데 이러한 특별하고도 은혜로우신 작정으로 말미암아 모든 택자의 이름이 창세전에 이미 하나님의 영원한 생명책에 기록되어 있습니다(계 20:12). 즉 구원은 사람의 공로나 의로 얻어진 것이 아니라 하나님의 영원한 예정의 결과이자 하나님의 자유롭고 은혜로우신 선택의 열매입니다.

개혁주의 핵심교리는 이 예정론에 있습니다. 하나님의 영원한 예정은 하나님의 구원사역에 대한 유일한 토대이며 또한 하나님의 영원한 경륜의 실체와 내용으로써 성도의 구원의 참된 원인이기도 합니다.

모든 성도는 영원부터 우리를 택하시고 예수 그리스도 안에서 구원하사 영생과 모든 복을 내려 주시는 사람의 최고선이신 하나님(약 1:17), 성도의 영원한 방패와 지극히 큰 상급이신 하나님(창 15:1)을 알아가며 그에게 합당한 경배와 영광을 돌리며 살아야 할 것입니다.

하나님의 영원한 예정(Eternal Predestination)			
삼위일체 하나님의 사역-작정과 예정, 창조와 섭리			
경륜	신적 속성	전지	하나님의 주권	통일적 경륜
	내적사역	영원예정(선택과 유기) 창세전 택자의 선택	작정	일반(만물) 특별(사람)
	외적사역	예지	실행	창조와 섭리
	영원 경륜	삼위일체 하나님의 영원한 계획과 목적	수단과 방법까지 미리 정하심	중보자 그리스도 보혜사 성령
예정론 구조	1. 주체	삼위일체 하나님	최고선	절대 주권
	2. 원인	하나님의 의지	기쁘신 뜻	자유로운 의지
	3. 예정	하나님의 의논	영원한 구속경륜	구속언약 성부와 성자
	4. 대상	중보자 예수 그리스도 선택의 근거 택자의 머리	사람(선택, 유기)	천사(보존, 유기)
	5. 내용	이중예정론	선택과 유기	타락 전 선택
이중 예정	1. 선택	유효적 의지 특수한 호의 하나님의 사랑과 영광	구원과 영생	성도들 선한 천사들
	2. 유기	비유효적 의지 증명적 결과 하나님의 공의와 영광	저주와 멸망	사탄 악한 영 악인들
목적	1차 목적	택자들의 구원과 영생	유기자들의 멸망과 영벌	
	궁극 목적	하나님의 영광	하나님의 긍휼하심과 공의로우심	

성경적 예정론의 의의

구원은 삼위일체 하나님의 영원한 예정에 기초를 두고 있습니다. 실로 하나님께서는 그의 주권적이고 은혜로우신 뜻을 따라서 우리를 구원해 주십니다. 이와 같이 구원의 확신은 오직 하나님의 영원한 선택에서 나온 것입니다. 결국 성경에서 계시하신 대로 하나님의 영원한 예정이 아니고서는 어디서도 구원의 진정한 근거와 견고한 확신을 얻을 수 없습니다.

성경은 첫 사람 아담 안에서 모든 사람이 죄를 범하였으며 하나님의 저주로 말미암아 사망과 심판의 절망적인 처지에 빠진 죄인이 되었다고 기록합니다(롬 3:10, 6:23; 엡 2:1-3; 히 9:27). 그래서 죄인이 스스로를 구원할 수 없으며, 구원은 자신의 의와 공로가 아니라 오직 하나님의 은혜라고 말씀합니다(엡 2:4-9; 롬 6:23; 딤후 1:9; 딛 3:5-6).

그리고 하나님께서 구원의 은혜를 베푸시는 이유는 그의 영원한 선택에 있으며(엡 1:3-14; 롬 8:30, 11:5-7), 아울러 구원의 목적은 오직 하나님께만 영광을 돌리게 하기 위함이라고 말씀합니다(엡 1:6, 12; 롬 11:36; 고전 10:31).

삼위일체 하나님은 우리의 창조주요 구원자이십니다. 모든 성도는 생명의 주요 구원의 주되신 여호와 하나님의 크고도 놀라운 사랑과 은혜를 인하여 또한 마귀와 악한 영들과 모든 악인들을 심판하시고 영벌하시는 거룩하신 하나님의 공의를 인하여서도 살아 계신 하나님께 모든 찬송과 감사와 영광을 올려 드려야 할 것입니다.

한편 성경적인 예정론은 모든 성도에게 구원의 견고한 확신을 줄 뿐만 아니라 그리스도인의 신앙과 삶에 있어서 다음과 같은 매우 중요한 의의를 갖고 있습니다.

첫째, 예정론은 모든 성도로 하여금 구원의 견고한 확신 가운데 신앙과 삶의 참된 안전을 줍니다. 그래서 그들이 자신의 행위나 의와 공로를 구원의 근거로 내세우지 못하게 하고 도리어 저들을 죄와 사망 가운데 구원하신 하나님의 은혜와 그리스도의 공로만을 자랑하며 살아가는 참 신앙을 갖게 합니다.

둘째, 예정론은 성도로 하여금 자신을 창조하시고 구원하신 하나님을 바르게 알고자 하는 열심을 가져다줍니다. 즉 하나님의 선하고 완전한 지혜, 사랑과 은혜, 거룩하고 의로우신 성품과 하나님의 영원한 경륜을 추구하게 합니다.

셋째, 예정론은 하나님을 아는 지식 가운데 참된 경배와 찬송을 올려 드리게 하며 이 세상 속에서도 거룩한 하나님의 백성으로서 거룩한 삶과 선한 삶을 살아가며 성도의 책임과 의무를 다하도록 독려해 줍니다.

넷째, 예정론은 주의 복음사역자들로 하여금 어떠한 상황에서도 그들과 항상 함께하시고 자비와 은혜를 베푸시는 하나님을 온전히 신뢰하는 가운데 더욱 주님의 겸손과 사랑을 닮게 하시고 그들이 인내로 성실히 자신의 소명과 맡은 사역을 감당하며 전진하도록 붙들어 줍니다.

다섯째, 예정론은 성도가 이 세상에서 그들의 선행으로 맺은 열매에 대해서도 자신이나 자신의 공로를 자랑하지 아니하고 도리어 그러한 은혜를 베푸신 하나님께만 모든 영광을 돌리며 살아가는 참된 믿음의 사람들이 되도록 이끌어 줍니다.

모든 성도는 삼위일체 여호와 하나님을 바르게 알고 그의 뜻을 따라 온전히 순종함으로 하나님께 영광을 돌리며 살아갈 때, 비로소 거룩한 하나님의 자녀로서의 고귀한 모습을 확인하게 되며 또한 인생의 참된 본분과 가치를 실현하게 됩니다.

[경륜과 예정]

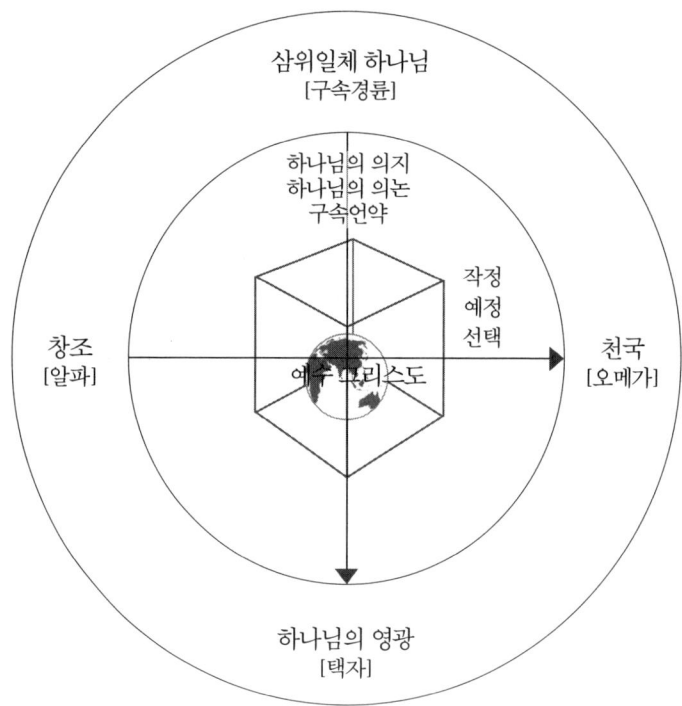

2. 예정론에 대한 제 견해

개혁주의 핵심교리는 성경적인 예정론에 있습니다. 예정론은 성경의 참 진리이며, 참된 신앙의 뿌리입니다. 이 예정론에 기초하지 않고서는 구원의 견고한 확신이나 신앙에 대한 참된 이해를 가질 수 없습니다.

첫째, 선정예정론. 이 견해는 하나님께서 그의 영원한 경륜을 따라서 세우신 영원한 '선택'과 '유기' 곧 '이중예정론(절대예정론)'에 기초하고 있습니다. 즉 하나님께서 영원부터 구원과 영생, 심판과 영벌의 대상이 되는 사람을 미리 정하셨다는 것입니다.

'선정론(supralapsarian, 先定論)'은 구원할 자의 선택과 관련하여 '타락전 선택설'을 주장합니다. 하나님께서는 '무죄한 인류' 가운데 특별히 구원받을 자들을 택하기로 작정하셨다는 이론으로, 베자와 잔키우스와 고마루스를 비롯한 대부분의 개혁자들이 지지하고 있습니다. 이 '선택설'은 하나님의 주권과 은총을 잘 드러내고, 하나님의 구속사역의 실행에 있어서 신적 작정의 통일성을 잘 설명해 주고 있습니다. 또한 구원을 하나님 편에서 이해하며 하나님께서는 영원부터 선택한 자를 복음으로 구원하신다는 사실을 명확히 증명하고 있습니다.

둘째, 후정예정론. 이 견해는 하나님의 이중예정을 인정하면서도 '타락 후 선택설'을 주장합니다. 즉 하나님께서는 '타락한 인류' 가운데 구원받을 자들을 택하기로 작정하셨다는 것으로 화란 도르트신경과 찰스 핫지, 헤르만 바빙크, 루이스 벌코프 등에 의해 주장되고 있습니다.

'후정론(infralapsarian, 後定論)'은 성경의 역사적 이해와 논리적 합리성을 가지고 인간의 타락이나 구원의 은총을 인간 편에서 이해합니다. 하지만 신적 작정에 대한 통일성이 결여되고, 타락에 대한 하나님의 작정과 유기의 원인에 대한 바른 해답을 주지 못합니다. 결국 구원의 근거를 하나님이 아니라 구원을 필요로 하는 인간의 반응이나 책임에서 찾는 경향을 가지고 있습니다.

셋째, 단일예정론. 이 견해는 하나님의 영원한 이중예정에 대해 무지하거나 부정하는 이론입니다. 비록 이 단일예정론은 구원받은 성도에 대한 신적 은혜의 보편성에 대한 확고한 길을 제공하였으나, 반면 유기자들에 대한 교리를 간과하고 있습니다. 그래서 선택의 특수성과 소명의 보편성에 대한 이해와 함께 타락한 인간의 무능력과 복음을 거절한 불신자의 책임에 대해서 명확한 해답을 주지 못합니다.

이 '단일예정론'을 주장한 루터파는 핵심 사상인 이신칭의에 대한 토대로서 하나님의 주권적 은혜를 주장하면서도 점차 인간이 신적 은혜와 협력하여야 구원을 얻는다는 '신인협력적 구원론'으로 나아갔습니다. 결국 구원은 하나님의 은혜에 대하여 인간이 어떻게 반응하느냐에 달려 있으며 죄인이 멸망하는 것은 자신의 책임이라고 주장하는 인본주의 구원론을 낳고 말았습니다.

넷째, 경험예정론. 이 견해는 현대교회 내의 개혁주의적 복음주의자들의 주장입니다. 경험론 혹은 후험론은 예정론이 기독교의 전제적 교리나 신학의 중심이 아니며 또한 예정론을 구원의 원인으로 둘 수 없다는 것입니다. 단지 예정론은 구원받은 신자들에게 위로와 확신을 주기 위해 경험적이고 보조적인 역할을 할 뿐이라고 주장합니다.

'후험론(後驗論)'은 유사개혁주의를 표방하고 있는 청교도주의자들이나 현대기독교의 신복음주의자들의 주된 견해로서 성경적인 절대예정론을 약화시키고 심지어 반대하는 입장에 서 있습니다. 오늘날 칼빈주의자나 개혁주의자를 자처하는 복음주의 신학자들이 실상은 정통신학의 핵심교리인 예정론을 부정하고 있는 참으로 아이러니한 일이 아닐 수 없습니다.

다섯째, 예지예정론. 이 견해는 초대교회의 이단자인 반펠라기우스파로부터 시작된 이론입니다. 이들은 인간의 전적 타락을 부인하고 회심하는 수단으로서의 신적 은혜가 필요할 뿐이며 영원한 구원으로의 무조건 선택은 없고 예정은 예지에 의거한다고 주장합니다.

590년에 로마교회의 대주교 그레고리 1세(Gregory, 540-604)는 하나님은 구원받을 일정한 수를 정하시는데 이는 저들이 복음을 받아들일 것을 미리 아시기 때문이라고 하였습니다. 결국 인간이 자기의 영혼을 새롭게 함에 있어서 하나님의 은혜와 협력해야 하는데 그 은혜는 인간이 주입된 의라 불리는 칭의의 은혜를 받도록 준비시키는 역할을 한다는 것입니다.

17세기 화란신학자 알미니우스(Arminius, 1560-1609)는 예지예정을 주장하면서 하나님의 선택은 예지적 신앙과 순종으로 끝까지 견디는 것이며 유기는 예지적 불신앙과 불순종과 죄에 대한 고집에 두었습니다. 또한 그는 성령께서 사람의 부패를 제거하고 중생시키는 일에 있어서 하나님과 협력할 수 있게 해 **주는 충족적 은혜**를 수여한다고 보았는데 이는 중생하고 못하고는 인간의 책임으로서 자신의 의지가 하나님의 은혜와 협력하느냐 하지 않느냐에 달려 있다는 것입니다. 이러한 전통을 따라 인간의 협력과 책임을 강조하는 웨슬리안도 동일한 노선에 서 있습니다.

여섯째, 혼합예정론. 이 견해는 절대예정론과 공로주의를 혼합하여 변형된 인본주의 예정론입니다. 초대교회에서 어거스틴의 원죄론을 부정한 반(半)어거스틴주의자들은(Semi-Augustinianism) 구원론에 있어서의 불가항력적 은총을 강조하는 예정론을 약화시키고 도리어 신적 은혜로 말미암아 구원을 위해 필요한 선행을 할 수 있다고 주장함으로 인간의 이성과 자유의지의 역할을 강화시켰습니다.

17세기에 등장한 프랑스의 쇼뮈르학파(Saumur)는 칼빈주의와 알미니안주의를 절충한 아미랄디즘(Amyraldism)을 주장하였습니다. 이들은 하나님이 선행적 보편적 작정에 의해 모든 사람을 회개와 그리스도를 믿음으로 구원하려고 하셨으나 그 누구도 스스로 믿지 않으리라는 것을 아시는 하나님이 후속적으로 특별한 작정을 통해 일부 사람들을 그의 은혜에 의한 구원의 대상으로 선택하셨으며 오직 그들만이 하나님의 은혜에 자발적으로 협력하여 구원을 받는다는 혼합주의 구원론을 주장하였습니다. 결국 저들은 본래 자신들의 이론적 기초로 삼았던 알미니안주의자들의 입장으로 다시 선회하고 말았습니다.

제2장
경륜의 실체

1. 예수 그리스도

영생은 곧 유일하신 참 하나님과 그가 보내신 자 예수 그리스도를 아는 것이니이다 아버지께서 내게 하라고 주신 일을 내가 이루어 아버지를 이 세상에서 영화롭게 하였사오니 아버지여 창세전에 내가 아버지와 함께 가졌던 영화로써 지금도 아버지와 함께 나를 영화롭게 하옵소서(요 17:3-5).

주 예수 그리스도는 하나님의 영원한 경륜 곧 사람을 향한 특별한 사랑의 실체이십니다. 또한 주님은 우리를 죄와 사망에서 구속하러 보내신 하나님의 참 사랑의 확증이십니다(롬 5:8).

자비롭고 은혜로우신 하나님께서는 예수 그리스도를 통하여 하나님과 그의 영원한 경륜을 밝히 드러내어 주셨습니다. 그러므로 예수님은 하나님을 계시하러 오신 하나님이시요(요 1:18), 하나님의 영원한 경륜의 비밀이십니다(엡 3:9).

성경에서는 예수 그리스도가 사람에게 영원하신 삼위일체 하나님을 온전히 계시해 주신 '하나님의 비밀(God's Mistery)'이시며(골 1:26-27, 2:2), 그 비밀이 복음을 선포하는 가운데 밝히 드러났다고 말씀합니다(고전 2:1). 본래 감추어졌던 것이었지만, 이제 복음 안에서 하나님의 백성에게 밝히 드러난 진리가 된 것입니다(요 16:13; 고전 2:12; 골 1:28).

그래서 사도 바울은 하나님의 비밀인 예수 그리스도 안에 "지혜와 지식의 모든 보화가 감추어져 있느니라"고 말씀합니다(골 2:3). 당시에 이단종파인 영지주의자들은 자신들만이 특별한 신적 지식을 갖고 있다고 주장하였는데 이들에 대해서 바울은 모든 지혜와 지식이 오직 예수 그리스도 안에 있다고 반박하며 이제 구원받은 모든 참된 그리스도인이 명백히 알 수 있다고 선언하는 것입니다(골 2:4).

주는 그리스도요 하나님의 아들

성경에 나오는 가장 위대한 질문은 마태복음 16장에서 예수님이 제자들에게, "너희는 나를 누구라 하느냐?(Who do you say I am?)"라는 물음입니다(마 16:15). 이는 기독교 신앙의 핵심이요, 이 물음에 바르게 고백하는 사람만이 바로 참된 그리스도인이라고 할 수 있습니다. 이에 베드로는 예수님께 "주는 그리스도시요 살아 계신 하나님의 아들이시니이다(ὁ Χριστὸς ὁ Υἱὸς τοῦ Θεοῦ τοῦ ζῶντος. The Christ, the Son of the living God)"라고 대답하였습니다(마 16:16).

참된 신앙은 예수님에 대한 올바른 지식과 진실한 고백 위에서 있습니다. 그것은 예수님을 '하나님의 아들'이요, '그리스도'라고 믿고 바르게 고백하는 것입니다. 곧 예수님이 하나님의 아들 곧 '성자 하나님'이신 것과 그 예수님이 우리의 죄를 대속하러 오신 인류의 구세주 곧 '그리스도'이심을 바르게 알아야 한다는 것입니다.

먼저 예수님이 '하나님의 아들'이심을 알고 고백하기 위해서는 '삼위일체 하나님'에 대해 알아야만 합니다. 이는 여호와 하나님이 성부, 성자, 성령의 삼위로 계시며 또한 그 삼위가 한 분 하나님으로 존재하심을 바르게 알 때, 비로소 예수님이 영원한 하나님의 아들 곧 '성자 하나님'이심을 깨닫게 되기 때문입니다(마 16:16; 요 3:16, 8:54, 10:30).

다음으로 영원부터 하나님의 아들이신 성자 하나님이 우리를 구원하기 위해 완전한 사람이 되셔서 이 땅에 오셨으며 또한 그가 바로 죄인을 구원하시고 영생을 주시는 예수 그리스도라는 사실을 바르게 알고 믿어야 한다는 것입니다(마 1:21; 눅 2:11; 요 3:16, 6:54).

그런데 예수님께서는 이 진리가 사람이 결코 스스로 알 수 있는 것이 아니며, 이를 알게 하신 분은 오직 하늘에 계신 하나님 아버지라고 말씀합니다. 또한 이 진리를 바르게 알고 고백하는 사람이 하나님의 참으로 복된 자라고 선언하십니다(마 16:17). 그것은 모든 사람이 죄에 빠져 하나님을 알지 못하는 자가 되었고, 죄 사함을 받고 거듭나지 않고는 결코 하나님을 바르게 알 수 없는 처지에 놓여 있기 때문입니다.

그래서 성령께서는 그의 은혜로 말미암아 죄인이 예수 그리스도를 자신의 구주로 믿고 영접하여 구원을 받도록 일하십니다(롬 8:2; 고전 12:3; 엡 1:13). 또한 성령은 성도들을 항상 진리로 인도하셔서 저들이 삼위일체 하나님과 그의 영원한 경륜을 알아 가도록 도와주십니다.

주 여호와 하나님께서는 오직 예수 그리스도를 통하여 하나님 자신과 그의 영원한 경륜을 계시해 주셨습니다. 하나님의 아들이신 예수 그리스도는 우리에게 삼위일체 여호와 하나님을 온전히 계시해 주시는 분이십니다(요 1:18; 골 1:15).

먼저 예수님은 자신이 하나님이심을 알려 주셨습니다(요 1:1, 20:28; 히 1:8). 또한 자신을 통하여 성부 하나님을 계시하셨으며 자신이 영원부터 성부 하나님의 아들 곧 성자이심을 알려 주셨습니다(마 1:23, 3:17; 요 3:16). 그리고 하나님의 영원한 경륜을 이루기 위해 함께 일하시는 성령을 계시해 주셨습니다. 즉 성부와 성자가 하나님의 영원한 경륜을 따라 성령을 보내 주셨음을 알려 주신 것입니다(요 14:16, 26).

결국 하나님께서는 예수님 안에서 성부, 성자, 성령의 삼위가 한 분 하나님으로 존재하심과 삼위가 역사 속에서 하나님의 영원한 구속경륜을 이루시기 위해 통일적으로 일하심을 계시해 주셨습니다.

주 예수 그리스도는 하나님의 본체의 형상이시며 또한 영원하신 하나님의 온전한 현현이십니다(히 1:3). 사람은 성령의 은혜로 말미암아 하나님의 아들이시요, 참 구주이신 예수 그리스도를 알게 되며 또한 오직 주님 안에서만 삼위일체 여호와 하나님을 바르게 알게 됩니다.

하나님의 말씀이신 예수님

주 예수 그리스도는 하나님의 아들이며 생명의 말씀입니다. 또한 그분이 바로 창조주 하나님이십니다. 창세기 1장에서는 하나님이 말씀으로 천지만물을 창조하셨음을 계시하고 있으며(창 1:1-31), 요한복음 1장에서는 그 말씀이신 하나님이 바로 참 빛으로 오신 예수 그리스도라는 사실을 기록하고 있습니다(요 1:1-2).

생명의 주시요, 참 진리이신 하나님 곧 성자 예수 그리스도가 성육신을 통하여 이 땅에 내려오셨습니다(마 1:18-23; 요 1:14). 참 하나님이시며 참 사람이신 주님이 우리를 죄와 사망에서 구원하기 위해 이 땅에 내려오신 것입니다.

아울러 사람들의 참 빛으로 오신 예수님은 자신의 말씀과 행하신 사역을 통하여 하나님의 뜻을 명확히 계시해 주셨습니다. 예수님은 자신이 항상 하나님 아버지의 기쁘신 뜻대로 행하신다고 말씀합니다. 즉 주님은 자의대로 행하시는 것이 아니라 하나님의 구원의 계획을 이루시기 위해 이 땅에 오셨다는 사실과 오직 하나님 아버지의 영광을 위하여 일하신다는 사실을 강조하셨습니다(마 26:39; 요 14:49, 17:4).

본래 예수님은 자신이 하나님이시요, 영원한 말씀이시며 그 말씀으로 천지만물을 창조하신 생명의 창조주이십니다(요 1:3; 골 1:16-18). 또한 하나님의 비밀이신 예수님은 자신으로부터 하나님의 영원한 경륜을 사람에게 밝히 계시해 주셨습니다.

삼위일체 하나님은 예수님을 통하여 우리에게 하나님의 영원한 구속경륜을 계시해 주셨으니 또한 오직 예수 그리스도 안에서 그 경륜의 모든 내용을 온전히 알려 주셨습니다. 그것은 삼위일체 하나님의 존재와 사역, 하나님의 영원한 구속경륜, 성부가 성자를 중보자로 보내심, 성부와 성자가 성령을 보혜사로 보내심, 예수 그리스도가 이 땅에 오셔서 대속의 사역을 이루심, 성령께서 복음으로 영원부터 택한 자를 구원하심, 성령의 권능 가운데 복음이 온 세계에 전파되어 하나님 나라가 완성될 것, 이 세상 끝에 주님이 재림하셔서 온 세상을 심판하시고 모든 성도에게 새 하늘과 새 땅을 주실 것 등에 관한 총체적이고 풍성한 진리입니다.

자비로우신 하나님께서 예수 그리스도 안에서 자신의 영원한 경륜을 계시해 주신 목적은 성도로 하여금 하나님을 바르게 알게 하시고 또한 저들로 하여금 오직 창조주요, 구원자이신 하나님께만 온전한 경배와 영광을 돌리게 하시려는 것입니다.

예수님이 그리스도이심

주 예수 그리스도는 영원한 하나님의 아들이십니다. 지극히 거룩하시고 영원하신 성자 하나님이 하나님의 영원한 경륜을 따라 이 땅에 내려오셨습니다. 성자 하나님이 자신의 신성 가운데 사람의 인성을 취하셔서 참 하나님이시며 참 사람으로 이 세상에 중보자로 오신 것입니다(요 1:14; 빌 2:6-8).

지극히 선하신 하나님께서는 그가 친히 계시하신 성경에서 약속하신 대로(창 3:15), 우리를 사랑하사 죄인들에게 구원과 영생을 베푸시기 위해 예수님을 인류의 메시아 곧 참되고 유일한 구속주의 중보자로 이 땅에 보내셨습니다(요 3:16; 딤전 2:5).

주님은 하나님께서 범죄하여 타락한 죄인을 그 죄와 사망에서 구원하시기 위해 보내신 온 인류의 참 구주이십니다. 실로 죄가 없으신 주님은 하나님을 떠난 죄인을 대신하여 십자가에서 죽으시고 부활하심으로 저들의 죄를 대속하시고 그를 믿는 자에게 죄 사함의 은총과 영생을 베풀어 주시는 분이십니다.

성경은 예수 그리스도의 계시입니다. 주님은 성경의 모든 말씀이 자신을 가리켜 기록된 것임을 말씀하시고 모든 예언이 자신을 통해 온전히 성취되었음을 알려 주셨습니다(눅 24:14, 44). 또한 예수 그리스도가 이 땅에 오심으로 인해 하나님의 계시가 완성되었습니다.

살아 계신 하나님께서 구속경륜을 계시해 주신 목적은 바로 사람으로 하여금 예수께서 하나님의 아들이시요, 그리스도이심을 믿어 영생을 얻게 하려 하신 것입니다(요 20:31).

우리 구주 예수 그리스도는 우리의 참되고 유일한 구원의 길이십니다(행 4:12). 또한 예수님은 그를 믿는 자에게 영생을 베푸시는 유일한 구원의 길이요, 진리요, 생명이시며 어떤 사람도 예수 그리스도를 통하지 아니하고는 하나님께로 나아갈 자가 없습니다(요 14:6).

2. 예수 그리스도의 구속

우리는 그리스도 안에서 그의 은혜의 풍성함을 따라 그의 피로 말미암아 속량 곧 죄 사함을 받았느니라 이는 그가 모든 지혜와 총명을 우리에게 넘치게 하사 그 뜻의 비밀을 우리에게 알리신 것이요 그의 기뻐하심을 따라 그리스도 안에서 때가 찬 경륜을 위하여 예정하신 것이니 하늘에 있는 것이나 땅에 있는 것이 다 그리스도 안에서 통일되게 하려 하심이라(엡 1:7-10).

주 예수 그리스도는 하나님의 영원한 경륜의 실체이시며 죄인의 유일한 구주이십니다. 주님은 성부와 영원한 '구속언약'을 맺으시고 성부로부터 보내심을 받아 구속의 중보자로 이 세상에 내려오셨습니다(요 3:16; 롬 1:3-4; 딤전 2:5).

여기서 '구속(ἀπολύτρωσις, redemption, 롬 3:24; 엡 1:7; 골 1:14)'은 중보자이신 그리스도가 성부 하나님께 스스로 마땅한 값을 지불하고 죄인을 죄와 사망의 굴레에서 자유롭게 하는 사역을 말합니다.

삼위일체 하나님의 영원한 '구속언약'은 사람의 구원을 위해 계시해 주신 모든 '은혜언약'의 기초입니다(요 5:30, 17:4). 구속언약은 영원부터 세우신 성부와 성자의 거룩한 작정이며, 은혜언약은 이 구속언약을 실행하기 위하여 역사 속에서 사람에게 베푸신 언약이기 때문입니다.

성경의 모든 언약은 하나님께서 중보자 예수 그리스도 안에서 사람의 구원을 목적으로 맺으신 주권적이고 은혜로우신 언약입니다. 특히 창세기의 '원시복음(protevangelism, 창 3:15)'은 그리스도가 이루실 은혜언약의 내용을 근원적으로 제시해 주고 있습니다.

본래 하나님께서 아담에게 축복하신 '창조언약(창 1:28)'은 장차 예수 그리스도 안에서 완성될 하나님 나라를 목표로 약속하신 은혜로우신 언약이었습니다. 또한 에덴동산에서 온 인류의 대표자인 아담에게 명령하신 '행위언약(covenant of works, 창 2:17)'도 영원부터 성부께서 성자를 구속의 중보자로 선택하신 구속언약에 기초하고 있습니다. 결국 이 '행위언약'도 장차 '은혜언약'의 중보자요, 구속주로 오셔서 죄인의 모든 죄를 담당하실 구주 예수 그리스도의 표상으로 주어진 것입니다.

그런데 하나님의 영원한 선택과 역사 가운데 주어진 은혜언약은 긴밀한 관계를 갖고 있습니다. 만일 은혜언약이 하나님의 영원한 선택과 분리되면, 그것은 은혜언약일 수가 없고 사람의 조건이 전제된 행위언약이 되어 버립니다. 왜냐하면 하나님의 주권적인 선택은 하나님이 사람에게 값없이 은혜로 구원을 베푸신다는 것이기 때문에 만일 영원한 구속언약이 없으면 은혜언약도 존재할 수 없고, 그 언약이 존재하더라도 유효할 수 없습니다.

주 예수 그리스도는 영원한 구속언약을 따라서 자신의 거룩한 신성 가운데 인성을 취하사(hypostatic union, 위격적 연합) 완전한 하나님이시며 완전한 사람으로 오셨습니다. 이는 하나님께서 택하신 자들을 위해 작정하신 구속의 중보사역을 감당하시기 위함이었습니다.

하나님 아버지께서는 예수 그리스도를 대속의 중보자로 보내 주셨습니다. 예수님은 성령으로 잉태하사 마리아를 통해 나시고, 우리 죄를 대신하여 십자가에 못 박혀 죽으시고 사흘 만에 부활하셨으며 성령은 택한 자들이 예수님을 구주로 믿고 영생을 얻도록 은혜를 베풀어 주십니다.

진실로 하나님께서는 예수 그리스도 외에 구원을 얻을 만한 다른 이름을 주시지 않았습니다(행 4:12). 오직 하나님의 아들 예수 그리스도만이 죄인의 참 구주시며 유일한 길이요, 진리요, 생명이십니다(요 14:6).

주 예수 그리스도의 복음은 하나님의 영원한 경륜을 따라 이루신 삼위일체적이고 경륜적인 복음입니다. 이 복음은 성부 하나님의 영원한 계획과 성자 예수 그리스도의 구속과 성령 하나님의 권능으로 말미암아 성취되었습니다. 또한 하나님은 그의 주권적인 은혜로 창세전에 택한 자들을 구원하고 계십니다.

예수 그리스도의 구속사역

예수 그리스도는 하나님의 영원한 경륜을 따라 우리의 구속을 이루기 위해 이 땅에 내려오셨습니다. 주님의 구속사역의 기초는 그의 '비하'와 '승귀'의 중보자로서의 신분에 있습니다. 이는 주님께서 행하신 구속사역의 전 과정에서 온전히 드러나고 있습니다 (빌 2:5-11).

먼저 그리스도의 비하(humiliation)는 성자 하나님이 자기를 비우시고 사람이 되시어 종의 형체로 오사 수난 당하시고 죄인을 대신하여 십자가에 못 박히사 저주의 형벌 받으신 것을 말합니다. 이러한 그리스도의 비하(낮아지심)의 신분은 성육신과 율법에 복종하심, 수난, 십자가와 죽음, 장사되심의 전 과정을 말합니다.

하나님의 영원한 경륜 가운데 이 땅에 오신 그리스도는 사망과 지옥의 고통을 감당하셨습니다. 여기서 '지옥강하(descended into hell)'는 그리스도의 굴욕의 마지막 단계였습니다. 이는 주께서 우리를 위하여 영혼의 고통을 당하시고 결국 주께서 악마의 권세와 사망의 두려움 그리고 지옥의 고통을 모두 정복하시고 개선하심으로 우리가 죽음에 대하여 무서워하지 않게 하시려는 뜻이었습니다.

다음으로 그리스도의 승귀(exaltation)는 전능하신 하나님께서 그를 죽음과 저주의 고통에서 건지시고 승리하게 하시어 부활하게 하심으로 그리스도를 모든 택자의 구주와 하나님으로 세우신 일을 말합니다. 이러한 그리스도의 승귀(높아지심)의 신분은 부활, 승천, 하나님의 보좌 우편에 앉으심, 그리스도의 재림에 이르는 전 과정을 말합니다.

유일한 중보자이신 예수님은 영원한 구속을 성취하시고 보혜사 성령을 보내 주셨습니다. 보혜사 성령은 하나님의 영원한 구속경륜을 따라 이 땅에 내려오셔서 그리스도가 이루신 구속을 하나님의 택한 백성에게 적용하셔서 저들을 구원하시는 분이십니다.

성령께서는 그분의 은혜로 말미암아 하나님께서 영원부터 택한 자들을 복음으로 부르셔서 구원하시고 또한 저들로 하여금 구주 예수 그리스도와 연합하여 한 몸이 되게 하시는 것입니다.

결론적으로 삼위일체 하나님의 영원한 구속경륜을 따라서 죄인들의 중보자로 오신 예수 그리스도께서는 구속사역을 성취하시기 위하여 사람이 되셨습니다. 그러므로 주님은 하나님의 영원한 사랑과 은혜로우신 예정의 확증이시며 우리의 참되고 유일한 구주이십니다.

[예수 그리스도의 구속]

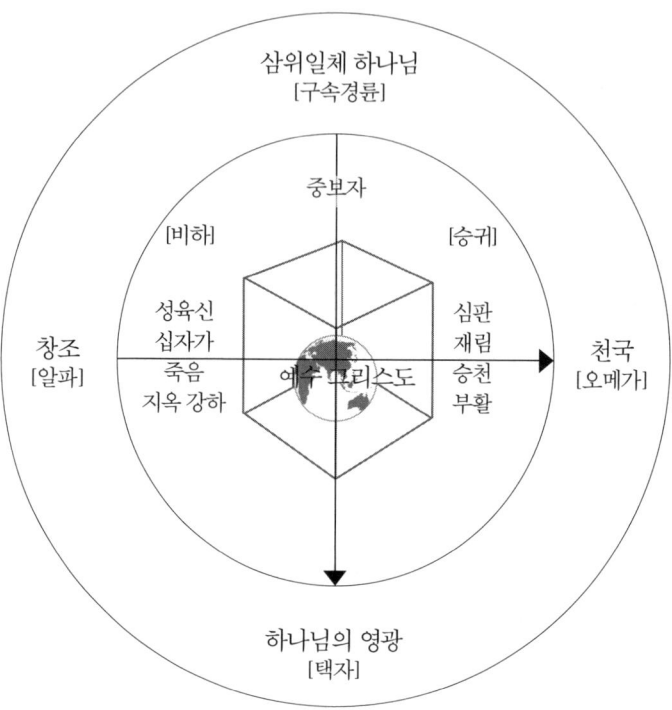

3. 기독론에 대한 제 견해

　기독교회사 가운데 기독론은 '사도신경'에 표현된 것과 같이 삼위일체 교리의 확정에 이어서 일어났으며, 실상 삼위일체론의 논의 가운데에는 이미 기독론 교리가 내포되어 있었습니다.
　초대교회에서는 하나님의 아들이신 그리스도가 성육신하셨다는 것이 신경의 기본이었고, 니케아 공의회(Nicene Creed, 325)에서 결의된 삼위일체론도 '그리스도가 성육신하신 하나님'이라고 말씀하고 있는 성경에 근거하여 공식화되었습니다. 즉 삼위일체론 교리와 기독론 교리는 별개의 교리가 아니라 하나의 진리로 연결되어 있었던 것입니다.
　당시 초기 기독교 안에는 유대교와 헬라철학에 기초를 둔 그릇된 사상이 많이 등장하였는데 초대교회는 이단사상들과의 논쟁을 통하여 성경적인 정통교리를 확립해 나갔습니다. 특히 초기부터 신학적 논쟁을 빚어 온 헬라철학의 '로고스(λόγος)' 사상과 '그리스도(Χριστός)'와의 관계에 대한 정확한 입장을 밝히고, 그리스도가 육체로 성육신하시고 부활하신 것과 재림하실 것을 주장함으로 그리스도의 구속사역에 대한 역사적 실재성을 명확히 증거하였습니다.
　첫째, 신성부정론. 에비온주의(Ebionism) 이단은 예수의 동정녀 탄생을 부정하고 그를 마리아와 요셉의 혈육의 아들로 보았습니다. 이들은 그리스도를 하나님이 특별히 세운 단순한 인간으로 보는데 후에 양사론으로 발선되였습니다. 또한 알로기파 이단은 예수가 동정녀를 통해 이적으로 탄생하였지만 오직 한 인간일 뿐이며 그가 세례 받을 때 그리스도가 강림하시어 초자연적 능력들을 부여하셨다고 주장했습니다.

3세기에 등장한 역동적 단일신론자인 사모사타의 바울은 로고스가 성부와 구별된 인격이 아니라 단지 인간 예수 안에 특별히 임한 비인격적 능력으로 보았으며, 이 신적인 능력은 인간 예수 안에 침투하여 인성을 신격화하였으며, 이러한 과정을 통해 예수가 신격화되었기 때문에 하나님과 동등하게 볼 수 없다고 주장했습니다.

둘째, 인성부정론. 기독교회사 속에서 처음으로 그리스도의 인성을 부정한 이단은 사도시대에서부터 등장한 영지주의였습니다. 영지주의자들은 헬라철학에 기초하여 물질은 본래 악하고 영은 선하다고 보는 이원론에 사로잡혀 있어서 그리스도가 악한 물질인 육체를 입을 수가 없다고 주장했습니다. 이는 그리스도의 성육신 곧 선한 영과 악한 물질의 직접적인 연합을 용납할 수 없었기 때문이었습니다.

그리고 초대교회의 참된 가르침에 반대하는 그릇된 기독론의 대표적인 유형은 영지주의적 '가현설(Docetism)'이었습니다. 이들은 그리스도가 인간이 된 것은 가짜일 뿐이며 실제로는 십자가 처형에 이르기까지 한정된 시간 동안만 인간 예수와 결합했다가, 그 후 그가 죽기 전에 다시 그를 떠났다는 거짓된 주장을 펼쳤습니다.

셋째, 피조물론. 터툴리안(Tertullianus, 145-220)은 삼위일체론을 말하면서도 로고스가 하나님으로부터 나온 존재로서 존재하지 않은 때가 있었다고 말했습니다. 이는 로고스가 성부와 동일본질이지만 존재 양식에 있어서 성부와 다르고, 성부는 본질 전체이지만 성자는 성부에게서 나왔기에 단지 그 본질 전체의 일부라고 본 것입니다. 또한 그는 로고스가 원래 하나님 안에 있던 비인격적 이성이었다가 창조 때에 인격이 된 것으로 이해하였습니다.

오리겐(Origenes, 185-254)은 성부가 성자 위에 있다고 보았고, 그리스도를 '만들어진 하나님', 인간은 '피조물'로서 '모든 창조 가운데 가장 먼저인 자'라고 말했습니다. 또한 그는 헬라철학의 영향을 받은 인간의 삼분설(영과 혼과 육)을 주장하고 이를 그리스도에게 적용하여 그의 혼이 신적 요소인 로고스의 영과 물질적 요소인 육체의 중간존재로서 이 둘을 결합하도록 매개했다고 보았습니다.

그 후 아리우스(Arius, 256-336)는 오리겐의 사상을 이어받아 그리스도가 신적 존재였지만 성부와 동등하지는 않았다고 보았으며, 아버지만이 진정한 신적 존재이며 아들은 피조물이라고 생각했습니다. 결국 아들은 존재하지 않은 때도 있었고, 단지 아들은 창조를 중재하고 세상에 하나님을 계시하기 위해 창조되어 하나님의 영광을 드러내는 하나의 신적 중재자였다는 것입니다.

넷째, 혼합론. 4세기 중반에 등장한 라오디게아의 감독 아폴리나리우스(Apollinarius, 310-390)는 그리스도를 영지주의 삼분설에 근거하여 영과 혼과 육으로 나누었고, 로고스와 육신의 결합을 통하여 로고스가 인간 예수의 영의 자리를 차지했다고 말했습니다. 즉 하나님이 근본적으로 흠이 있고 불완전한 인간성과 연합할 수 없다고 하여 그리스도의 완전한 인성을 부인하고 단지 육체로 옷을 입은 하나님 혹은 하나님의 영감을 받은 인간에 불과하다고 주장했습니다.

다섯째, 기능론. 5세기 초반에 콘스탄티노플의 대주교였던 네스토리우스(Nestorius, 381-451)는 마리아를 '아들을 낳은 자'라고 불렀다가 다시 '그리스도를 낳은 분'이라고 주장했습니다. 그는 예수가 육신을 지닌 하나님으로서 신성과 인성이 완전히 결합된 사람이 아니라 그의 두 본성이 분리된 채로 '하나님을 지닌 인간'으로 존재하였다고 보았으며, 단지 그리스도의 두 본성은 구원사역을 이루기 위해 일시적으로 결합했다고 하는 기능론적 시각을 갖고 있었습니다.

여섯째, 단성론. 5세기 중반에 콘스탄티노플의 수도사로 활동하던 유티케스(Eutyches, 375-454)는 그리스도의 몸이 성육신 이전에는 두 본성을 지니고 있었으나 성육신 후에는 우리와 동일한 실체가 아니고 오히려 그의 신성에 인성이 흡수되어 제3의 성질로 변화된 신적인 한 본성이 되었다고 주장했습니다. 즉 그리스도는 본질적으로 인간이 아니라는 것이었습니다. 이것을 '일성신론' 혹은 '단성신론'이라고 말합니다.

일곱째, 단의론. 7세기경에 유티케스주의에 기초한 '단의설'을 주장하는 사람들이 일어났는데 이들은 그리스도 안에는 한 본성이 있는 것처럼 한 의지만이 있다고 주장했습니다. 이들의 주장은 두 가지로 나누어지는데 먼저 인간의 의지가 하나님의 의지 안에 연합되어 후자만이 단일의지로 역할을 한다고 보았으며, 다른 하나는 하나님의 의지와 인간의 의지가 혼합하여 합성적인 단일의지가 되었다고 보았습니다.

그 후 동방교회 마지막 교부인 다메섹의 요한(John of Damascus,

676-749)은 단성론에 기초한 성상숭배옹호자로서 그리스도 안에 있는 두 본성의 '속성교류'를 주장했습니다. 즉 신성과 인성의 상호내재로 인하여 신적 속성이 인성에 전달되어 인성이 신성화되었다고 함으로서 인성을 로고스의 단순한 기관이나 도구로 축소시키고 말았습니다.

여덟째, 케노시스론. 16세기 루터파는 그리스도의 양성에 대하여 '속성교류'를 주장하면서, 그리스도의 인성은 승천 후에도 편재하여 성찬에 실재로 임하신다는 공재설을 말했습니다. 이러한 사상은 19세기 '케노시스론(κένωσις, 비움)'으로 이어져, 예수님의 인성이 연약하고 고통스러웠던 것은 그가 신성을 비우시고 포기하셨기 때문이라고 주장합니다. 그 후 신정통주의자 몰트만(J.Moltmann, 1926-)은 하나님께서 자기비움을 통해 만물을 창조하셨고, 십자가에 나타난 자기비움을 통해 새 창조를 이루셨다는 '케노시스 창조론'을 말했습니다. 그는 교회가 십자가의 겸손과 희생을 본받아 사회적 불의에 대항하여야 한다고 주장하며 또한 '새창조신학' 또는 '생태신학'이라는 이론을 가지고 기독교신앙을 세속적인 사회운동으로 변질시키고 있습니다.

제3장
경륜과 역사

1. 하나님의 경륜과 언약

여호와의 말씀이니라 보라 날이 이르리니 내가 이스라엘 집과 유다 집에 새언약을 맺으리라 이 언약은 내가 그들의 조상들의 손을 잡고 애굽 땅에서 인도하여 내던 날에 맺은 것과 같지 아니할 것은 내가 그들의 남편이 되었어도 그들이 내 언약을 깨뜨렸음이라 여호와의 말씀이니라 그러나 그 날 후에 내가 이스라엘 집과 맺을 언약은 이러하니 곧 내가 나의 법을 그들의 속에 두며 그들의 마음에 기록하여 나는 그들의 하나님이 되고 그들은 내 백성이 될 것이라 여호와의 말씀이니라 (렘 31:31-33).

삼위일체 여호와 하나님의 주권적이고 은혜로우신 언약은 영원한 하나님의 경륜에 기초를 두고 있습니다. 그리고 자비로우신 하나님께서는 그의 영원한 경륜 곧 사람에 대한 특별한 구속의 사랑을 언약으로 계시해 주셨습니다.

성경은 하나님께서 사람에게 자신의 영원한 뜻과 구원의 사랑을 약속해 주신 언약의 말씀입니다. 본래 언약(ברית, covenant, 창 9:13)이란 개념은 두 사람 이상의 당사자 간에 이루어지는 협약이나 계약을 의미하는 것으로 계약의 당사자가 상호 동등한 입장에서 서로가 지켜야 할 의무와 조건을 자발적으로 설정하여 약속을 체결함으로 유효한 효력을 갖는 것입니다.

그런데 성경의 언약은 여호와 하나님께서 그의 자유로우신 의지와 기쁘신 뜻을 따라서 사람에게 일방적으로 약속하시는 절대 주권적인 성격을 갖고 있습니다. 즉 모든 언약은 하나님께서 죄와 사망 가운데 있는 자기 백성을 예수 그리스도 안에서 구원하시겠다는 하나님의 주권적이고 은혜로우신 구속의 복을 선언하신 '은혜언약'인 것입니다.

전능하신 하나님께서 그의 은혜로 말미암아 사람과 맺으신 창조언약(창 1:28), 선악과 언약(창 2:17), 구속언약과 원시복음(창 3:15), 무지개언약(창 9:13), 아브라함언약(창 17:7), 모세와 시내산언약(출 19:5-6), 다윗과 영원한 왕국언약(삼하 7:16), 예레미야의 새언약(렘 31:31-33)이 모두 예수 그리스도의 새언약(고전 11:25)으로 성취되었습니다.

구약성경에 계시된 하나님의 '영원한 언약(διαθήκης αἰωνίου, the everlasting covenant)'이 신약성경의 '영원한 복음(εὐαγγέλιον αἰώνιον, the everlasting gospel)'으로 이어졌습니다(계 14:6). 또한 '영원한 복음'은 영원부터 택한 자들을 구원하시는 하나님의 구원의 복된 소식입니다. 또한 그것은 '원복음(창 3:15)'이 '그리스도의 복음(εὐαγγέλ ιον τοῦ Χριστοῦ, the gospel of Christ)'으로 이어졌고(갈 1:7), 마침내 종말의 때에 '영원한 복음'으로 선포되고 있습니다(계 14:6).

그리고 성경의 모든 언약은 구속사와 함께 세워질 하나님 나라를 지향하고 있습니다. 하나님께서는 창조하신 사람에게 복을 주사 장차 그가 세우실 나라를 보여 주셨으며(창 1:28) 또한 사람이 하나님께 범죄하여 타락한 후에는 '여자의 후손'으로 오실 메시아 곧 '예수 그리스도'를 보내시어 택한 자기 백성을 구원하심으로 그가 친히 영원한 나라를 세우실 것을 약속해 주셨습니다(창 3:15).

아울러 모든 언약의 궁극적인 목표는 하나님께서 영원부터 영생을 베푸시기로 선택하신 자를 구속하시어 그들을 하나님의 백성으로 삼으시고 그의 거룩하고 영원한 하나님 나라를 완성하시는 일입니다. 그것은 곧 '하나님이 우리의 하나님이 되시고, 우리가 하나님의 백성이 되는 일'입니다. 성경은 "내가…너와 네 후손의 하나님이 되리라(창 17:7)."는 약속을 반복적으로 말씀해 주셨습니다(렘 31:33, 32:38-40; 겔 34:23-31, 36:25-28, 37:26-27; 고후 6:16-18).

때가 차매 하나님께서는 그 언약의 말씀을 따라서 성자를 보내셨으며 예수 그리스도가 이 세상에 오셔서 구속을 성취하심으로 거룩한 하나님 나라가 세워졌습니다(마 3:2; 갈 4:4). 또한 그 영원한 하나님 나라는 주께서 재림하실 때에 허락하실 새 하늘과 새 땅 곧 천국에서 완성될 것입니다(계 21:3).

삼위일체 하나님께서는 그의 영원한 경륜을 따라 은혜언약을 맺으시고 모든 언약을 통해 예수 그리스도가 구속으로 택한 자들을 구원하시고 영원한 하나님 나라를 세우시는 특별한 은혜를 계시해 주셨습니다. 이와 같이 은혜언약은 하나님 자신이 사람에게 생명과 구원의 모든 복을 주시는 분이시요, 만복의 근원이심을 알려 주고 있습니다.

성경은 하나님의 영원한 구속언약에서 주어진 구속의 특별한 은혜언약을 계시하고 있으며, 그 언약의 실체이신 중보자 예수 그리스도와 그가 이루시는 구속을 알려 주고 있습니다. 또한 그 대상은 하나님께서 그의 영원한 예정을 따라 창세전에 택한 자들이며, 오직 그들에게만 구원과 영생을 베푸신다는 사실을 밝히 보여 주고 있습니다.

그리고 하나님의 은혜언약의 목표는 하나님께서 성령과 복음으로 택하신 자기 백성을 구원하시어 하나님 나라를 세우시고 완성하시는 것이며 궁극적으로는 주의 백성을 영화로운 천국에 들이시는 일입니다.

주 여호와 하나님은 사람의 최고선이시요, 우리의 참된 기쁨과 만족이십니다. 이제 모든 성도는 하나님의 언약 안에서 구원과 삶의 모든 복을 받아 누리며 살아갑니다. 그것은 하나님이 친히 우리의 하나님이 되셨고, 우리는 그의 백성이 되었기 때문입니다.

모든 성도는 우리를 그의 영원한 경륜 가운데 택하시고 구원하신 하나님의 크신 사랑과 은혜에 감사하며 창조주요, 구원자이신 여호와 하나님께 모든 경배와 찬송과 영광을 돌리며 살아야 할 것입니다.

하나님의 경륜과 언약(God's Economy and Covenant)

	언약의 종류	언약의 내용	언약의 특징
1	구속언약(슥 6:12-13)	성부와 성자 중보자와 택자의 구속	영원성 하나님의 의논
2	창조언약(창 1:28)	생명의 창조주 여호와 만복의 근원 여호와 창조와 축복	주권성 하나님의 나라
3	생명언약(창 2:17)	영생의 복 생명과 사망의 길	계획성 하나님의 지혜
4	메시아언약(창 3:15)	여자의 후손, 원시복음 예수 그리스도의 구속	은혜성 하나님의 비밀
5	무지개언약(창 9:16)	영원한 언약 생명의 보존, 구원과 심판	역사성 하나님의 작정
6	횃불언약(창 15:13-21)	자손의 번성 하나님 나라 (창 12:1-3, 17:7)	실재성 하나님의 섭리
7	시내산언약(출 24:3-8)	하나님의 구원 하나님의 백성(출 6:7)	구별성 하나님의 역사
8	왕국언약(삼하 7:12-16)	하나님의 영원한 나라 영원한 언약(삼하 23:5)	영속성 하나님의 통치
9	새언약(렘 31:31-34)	하나님의 신실하심 구속의 완성(눅 22:20)	완전성 하나님의 권능
10	영원한 언약(겔 16:60-63)	하나님 나라의 회복 하나님의 영(겔 36:26-28)	신실성 하나님의 사역
11	새언약(고전 11:25)	예수 그리스도(히 9:15) 새 계명(요 13:34-35) 하나님 나라의 원리(사랑)	현재성 하나님의 말씀
12	영원한 복음(계 14:6)	하나님의 영원한 경륜 창조주와 구속주 하나님 하나님 나라의 완성(천국)	목적성 하나님의 영광

성경과 언약의 특징

삼위일체 여호와 하나님의 영원한 경륜은 그의 언약을 통하여 사람에게 계시되었는데 성경에 계시된 하나님의 거룩한 언약은 다음과 같은 중요한 특징을 갖고 있습니다.

첫째, 언약의 주권성입니다. 하나님께서 사람에게 세우신 언약은 하나님의 절대적인 주권으로 하신 것입니다. 이를 흔히 '종주권언약'이라고도 합니다. 이는 하나님은 만물의 주권자이시고 사람은 피조물로서 동등한 당사자가 아니며 또한 모든 사람이 하나님께 범죄하여 타락한 죄인이 되었기 때문입니다.

본래 하나님의 언약은 피조물인 사람의 동의나 생각을 전혀 필요로 하지 않았습니다. 이는 언약의 주체이신 하나님께서 상대자인 사람의 의사를 묻지 않고 그 언약을 선포하고 완성할 수 있는 것을 말합니다. 그러므로 하나님의 언약은 전적인 하나님의 주권에 의하여 사람에게 명령과 약속의 형태로 주어진 것입니다.

주 여호와 하나님은 언약의 주체요 성취자이십니다. 그래서 모든 언약은 하나님께서 영원부터 작정하신 구속언약과 그 모든 일을 실행하시고 완성하시는 하나님의 주권성에 기초를 두고 있습니다.

둘째, 언약의 은혜성입니다. 하나님께서 사람에게 세우신 모든 언약은 선하시며 자비로우신 하나님의 은혜로 주신 것입니다. 그러므로 성경의 계시는 하나님의 영원한 구속언약을 이루기 위한 하나의 통일된 언약으로서 '은혜언약'이라고 말할 수 있습니다.

창세기에서 하나님은 아담에게 그의 명령에 순종할 것을 요구하셨습니다. 이 선악을 알게 하는 나무의 열매를 먹지 말라는 '행위언약'은 그 명령을 지키는 조건 하에서 영생의 복을 주시겠다는 것이 아닙니다. 도리어 사람을 창조하시고 생명과 모든 복을 주신 은혜의 하나님을 바로 알고 오직 그만을 의지하여 살게 하시며 또한 창조주 하나님께 감사와 찬송과 영광을 돌리게 하시기 위함이었습니다.

아담이 타락한 후 하나님께서는 예수 그리스도를 구속의 중보자로 보내시는 '은혜언약'을 맺으시고 하나님의 택함 받은 자들에게 구원의 길을 예비해 주셨습니다. 여기서 하나님의 영원한 예정과 메시아의 언약은 불가분의 관계를 갖고 있습니다. 만일 성도를 구속하시는 은혜언약이 하나님의 영원한 선택에서 분리된다면, 그것은 결국 인간의 조건을 가지고 구원을 얻으려는 행위언약으로 떨어져 버리게 될 것입니다.

아울러 하나님의 율법도 그 명령을 다 지켜야 구원을 주시겠다는 조건적인 것이 아니라 그 율법을 통하여 사람의 죄와 비참함을 알게 하사 오직 하나님의 은혜를 찾게 하기 위한 것이며 저들을 죄와 사망에서 구원하시려는 하나님의 '감춰진 복음'이었습니다. 그러므로 모든 율법은 복음의 한 형식으로 죄인들을 하나님의 구속의 사랑으로 인도하시는 수단으로 하나님의 주권적 은혜를 담고 있습니다.

결국 언약의 은혜로운 성격은 예수 그리스도가 오셔서 구속을 온전히 성취하심으로 밝히 드러났습니다. 또한 언약의 목적은 일차적으로 죄인 된 우리가 하나님의 은혜로 구원을 얻게 하시는 것이나 궁극적으로는 성도로 하여금 오직 하나님께만 영광을 돌리게 하기 위함입니다.

셋째, 언약의 통일성입니다. 성경에서 하나님이 맺으신 모든 언약은 하나의 통일성을 갖고 있습니다. 그것은 구속의 은혜를 담은 통일된 언약이라는 점입니다. 이것은 삼위가 동일본질을 가지시고 영원한 연합을 이루고 계신 한 분 하나님으로 존재하시고 또한 삼위일체로 한 분 하나님이 하나의 통일된 경륜을 갖고 통일된 사역을 이루신다는 사실에 근거합니다.

참되고 유일하신 여호와 하나님께서는 그의 영원한 경륜을 따라 구속언약을 맺으시고 역사 가운데 하나의 통일된 계시를 주셨는데 그 계시 안에는 하나의 통일된 언약이 있을 뿐입니다.

하나님의 계시가 언약의 방식으로 주어졌으나 모든 계시는 하나의 통일된 구속경륜을 이루기 위해 하나의 언약으로 주어졌다는 것입니다. 하지만 성경의 통일성을 말할 때, 이는 단순히 기독론적인 통일성을 의미하지 않습니다. 그것은 삼위일체 하나님의 경륜의 통일성이요, 구원의 원리와 구원의 서정을 포함한 언약적 통일성을 말합니다.

개혁주의는 하나님의 영원한 작정과 그것의 실행으로 언약을 통일된 경륜 안에서 바라보며, 구속경륜과 그 실행의 과정인 구속사를 하나님의 통일된 사역으로 이해합니다. 이는 역사적으로 어거스틴의 삼위일체의 통일적 경륜이 칼빈의 언약의 통일성으로 계승된 것입니다.

그리고 성경의 통일성은 삼위일체 하나님의 실체적 통일성에서 나온 경륜의 통일성이자 언약의 통일성을 말합니다. 이는 전체 성경을 언약의 통일성을 가지고 이해하는 것이며 모든 언약을 영원한 구속언약에 기초한 하나의 통일된 은혜언약으로 보는 것입니다. 결국 모든 언약은 삼위일체 하나님의 영원한 구속언약에 뿌리를 두고 있는데 그 언약의 실체가 구속의 중보자 예수 그리스도이십니다.

넷째, 언약의 영원성입니다. 성경의 모든 언약은 역사적인 실효성을 가지며 또한 영원성을 갖고 있습니다. 그것은 계시가 영원하신 하나님으로부터 나온 하나님의 영원한 경륜을 따라 주어졌기 때문입니다.

예수 그리스도께서 단번에 영원한 구속을 이루심으로 하나님의 언약을 완성하셨는데 이러한 주님의 구속의 공로는 영원한 효력을 갖습니다. 하나님께서는 죄인이 그리스도를 믿어 영생을 얻게 하시고 장차 영원한 천국에서 하나님과 함께 영화를 누리게 하십니다.

주 여호와 하나님은 언약에 신실하신 하나님이십니다. 모든 언약은 그의 영원한 경륜에서 나와서 위대한 구속사역을 이루고 모든 성도로 하여금 구원의 하나님께 모든 영광을 돌리게 하십니다.

언약과 신학전통

현대복음주의는 성경을 '언약 성취사'의 관점으로 이해하고 있습니다. 그래서 성경에는 각 시대별로 서로 다른 언약이 주어졌다고 생각하며 역사적으로 이전 언약보다 이후의 언약이 더 완전한 계시라고 주장합니다. 그 결과 신구약성경을 소위 '행위언약'과 '은혜언약'의 대립되는 두 가지 계시로 양분하여 이해함으로 성경의 언약적 통일성을 부정하는 자리에 서게 되었습니다.

기독교회사 속에서도 영지주의와 세대주의는 인간이해에 대한 철학적 '삼분설(영, 혼, 육)' 사상을 가지고 비성경적인 신론과 기독론을 주장하였습니다. 또한 저들은 성경의 계시를 시대별로 구분하고 각 시대별로 상이한 경륜과 다양한 구원의 방식이 있다는 거짓된 구원론과 종말론 교리를 만들어 신자를 미혹하였습니다.

저들은 성경을 역사적 흐름에 따라 세 시대(세대주의는 일곱 세대)로 나누어서 성경이 세 개의 계시, 세 개의 언약, 세 개의 경륜, 세 개의 구원 방식 등으로 이루어져 있다고 주장하고 있습니다. 게다가 이단의 '교주'가 최종 단계의 '종말적 예언자' 혹은 '말세의 선지자'라고 내세우면서 그를 '보혜사' 혹은 '재림주'로 미혹하여 많은 사람들을 멸망의 길로 인도하고 있습니다.

이런 비성경적인 언약사상은 근본적으로 신론에 대한 부정확한 이해에서 기인한 것입니다. 저들은 성경에 계시된 한 분이신 여호와 하나님을 세 분 하나님으로 분리시킨 이단적 삼신론의 시각으로 성경을 이해하는 경향이 있습니다. 성경의 계시를 역사적으로 '창조주 성부시대'와 '메시아 성자시대' 및 '보혜사 성령시대'로 구분하여 바라보는 것입니다. 결국 저들은 신구약성경이 한 분이신 하나님이 계시하신 하나의 계시임을 부정하고 있습니다.

성경은 참되고 유일하신 삼위일체 여호와 하나님의 자기 계시의 말씀입니다. 그래서 성경에는 계시의 역사적 점진성이나 언약사적 발전이 있는 것이 아니라 하나의 계시와 하나의 언약이 있을 뿐이며 단지 그 계시는 각 시대에 따라 명료성의 차이가 존재할 뿐입니다.

삼위일체 하나님께서는 그의 영원한 경륜을 따라 예수 그리스도의 구속을 통해 택한 자들을 구원하시는 하나의 은혜로우신 언약을 계시해 주셨습니다. 즉 성경은 참되고 유일하신 여호와 하나님께서 계시하신 하나의 통일적 계시이며 하나의 통일된 언약입니다.

개혁주의는 성경의 언약적 통일성을 강조합니다. 그것은 삼위가 동일본질을 가지신 한 실체로 존재하신다는 하나님의 실체적 통일성에 기초를 두고 있습니다. 곧 한 분이신 하나님께서 영원부터 하나의 통일된 구속경륜을 세우셨고, 그 경륜으로부터 동일한 계시가 주어졌으며 또한 하나의 통일된 언약으로서 '은혜언약'이 주어졌다는 것입니다.

지극히 선하신 하나님께서 그의 영원한 경륜을 따라 사람의 구속을 위한 은혜언약을 맺으셨는데 그 언약의 실체는 중보자 예수 그리스도이시며 그 내용은 하나님께서 예수 그리스도를 통하여 구속을 이루시고 또한 그의 택한 백성을 복음으로 구원하신다는 것입니다.

그래서 성경은 하나님의 계시의 방식으로써 '언약'의 말씀이며, 그 언약의 실체와 내용으로써 그리스도 중심의 '구속사'이고, 그 구속사역의 목표와 방향으로써 '신국사(하나님 나라의 역사)'를 담고 있습니다.

자비로우신 하나님께서는 그가 맺으신 은혜언약을 따라서 예수 그리스도의 구속과 성령의 능력으로 택한 자들의 구원을 이루십니다. 이는 모든 성도로 하여금 그의 주권적인 은혜로 베푸신 크고도 놀라운 구원을 인하여 오직 하나님께 모든 영광을 돌리게 하시는 것입니다.

2. 구속경륜과 구속사

나의 복음과 예수 그리스도를 전파함은 영세 전부터 감추어졌다가 이제는 나타내신 바 되었으며 영원하신 하나님의 명을 따라 선지자들의 글로 말미암아 모든 민족이 믿어 순종하게 하시려고 알게 하신 바 그 신비의 계시를 따라 된 것이니 이 복음으로 너희를 능히 견고하게 하실 지혜로우신 하나님께 예수 그리스도로 말미암아 영광이 세세 무궁하도록 있을지어다 아멘(롬 16:25-27).

주 여호와 하나님께서는 그의 영원한 경륜 곧 사람에 대한 특별한 사랑을 언약으로 계시하셨으며 그 언약의 핵심 내용은 바로 죄인들에 대한 구속에 있었습니다. 그것은 곧 하나님이 저들을 죄와 사망에서 구원하기 위해 자기 아들을 구속의 중보자로 보내시는 일이었습니다.

성경은 '예수 그리스도의 계시(창 1:1; 마 1:1; 요 1:1; 계 1:1)'이며 또한 하나님께서 그리스도 안에서 이루시는 구속의 역사를 기록하고 있는데 이를 가리켜 '구속사(Redemption History)'라고 부릅니다.

삼위일체 하나님께서 주관하시는 구속사는 그의 영원한 경륜(엡 1:10)과 구원의 신비로운 뜻(롬 16:25-27)을 이루시는 하나님의 거룩한 사역입니다(행 2:11). 즉 하나님께서는 창세전에 그의 기쁘신 뜻을 따라 예수 그리스도를 보내사 구속을 성취하시고 성령께서는 예수 그리스도가 이루신 구속을 택한 자들에게 적용하사 저들을 구원하시고 영생을 베풀어 주시는 것입니다.

오늘날 구속사 신학(Theology of Redemptive History)은 일반적으로 성경의 흐름을 따라서 '창조'와 '타락'에서 '구속'과 '완성'이라는 논리적 순서로 전개되고 있습니다.

먼저 전능하신 여호와 하나님께서 천지만물을 창조하시고 또한 그의 고귀한 형상대로 사람을 선하게 '창조'하셨습니다(창 1:27-31). 그리고 하나님께서는 사람에게 '생육하고 번성하여 땅에 충만하라(창 1:28)'는 크신 복을 베풀어 주셨습니다.

다음으로 사람은 자기의 교만과 탐심에 의하여 하나님이 선물로 주신 자유의지를 오용함으로 스스로 창조주 하나님의 말씀에 불순종하고 범죄함으로 '타락'하고 말았습니다. 그 죄의 결과로 사람은 하나님의 저주를 받아 죽음에 이르게 되었으며(창 3:19; 롬 6:23; 엡 2:1) 또한 죽음 후에는 영원한 심판의 형벌을 받게 될 절망적인 죄인의 상태에 놓이게 되었습니다(롬 2:5; 엡 2:3; 히 9:27).

그런데 하나님께서는 그의 영원한 경륜을 따라서 메시아를 보내시기로 언약하셨으며(창 3:15), 그 은혜로우신 '구속'을 그리스도와 성령을 통하여 이루셨습니다. 먼저 성부가 성자를 보내시고, 성자 예수 그리스도가 십자가와 부활로 구속을 성취하셨으며 성령께서 그의 은혜로 말미암아 그리스도의 구속을 택한 자들에게 적용하시어 저들을 죄와 사망에서 구원하고 계십니다.

주 예수 그리스도의 구속은 이미 완성되었지만 종말로 성령께서는 역사 속에서 그리스도가 이루신 구속을 하나님의 택하신 백성들에게 적용하시는 은혜로우신 사역을 주님의 재림까지 지속적으로 이루시는 것입니다.

지금도 성령의 크고도 놀라운 구원사역은 '구원의 서정'을 통하여 온전히 열매를 맺고 있으며 그것은 복음을 통하여 죄인을 구원하심으로 세우시는 하나님 나라의 완성을 목표로 하고 있습니다. 이와 같이 하나님의 구속경륜과 구속사는 하나님께서 역사 가운데 세우시고 천국에서 완성하시려는 영원한 하나님 나라와 밀접하게 연결되어 있습니다.

전능하신 하나님께서는 그의 영원한 경륜을 따라서 이 세상 역사 가운데 크고도 놀라운 구속의 역사를 이루어 나가시며 또한 거룩하고 영원한 하나님 나라를 완성하고 계시는 것입니다.

성경은 하나님의 계시가 언약의 방식으로 주어지고 있으므로 '언약(계시의 방식과 원리)'의 말씀이며, 그 언약의 실체와 내용이 예수 그리스도 안에서 이루시는 구속의 역사를 기록하고 있으므로 '구속사(창조-타락-구속-완성)'의 계시입니다.

그리고 구속사가 하나님이 통치하시는 영원한 왕국을 세워 나가고 있으므로 '신국사(하나님 나라의 역사, 계시의 방향과 목표)'라고도 말합니다. 결국 하나님께서는 '언약과 구속사'라는 두 기둥을 통하여 그가 영원히 다스리시는 '하나님 나라(신국)'를 이루어 가고 계시는 것입니다.

성경은 구속사가 하나님으로부터 시작되고 끝난다는 것을 밝히고 있습니다. 즉 하나님이 모든 구원사역의 처음이요, 나중이십니다(계 1:8, 22:13). 여기서 하나님이 처음이시라는 것은 구속의 특별계시가 전적으로 그로부터 온다는 사실을 알려 주며 구속사가 하나님께서 세우신 그의 영원한 경륜에 의해 이루어지고 있다는 사실을 명확히 드러내고 있습니다.

살아 계신 하나님은 그의 영원한 경륜 곧 사람을 향한 특별한 구속의 사랑을 따라서 우리의 크고도 놀라운 구원을 이루고 계십니다. 또한 이 구속역사의 중심은 참되고 유일한 구주요, 길과 진리와 생명이신 예수 그리스도이십니다(요3:16, 14:6, 17:3).

[구속경륜과 구속사]

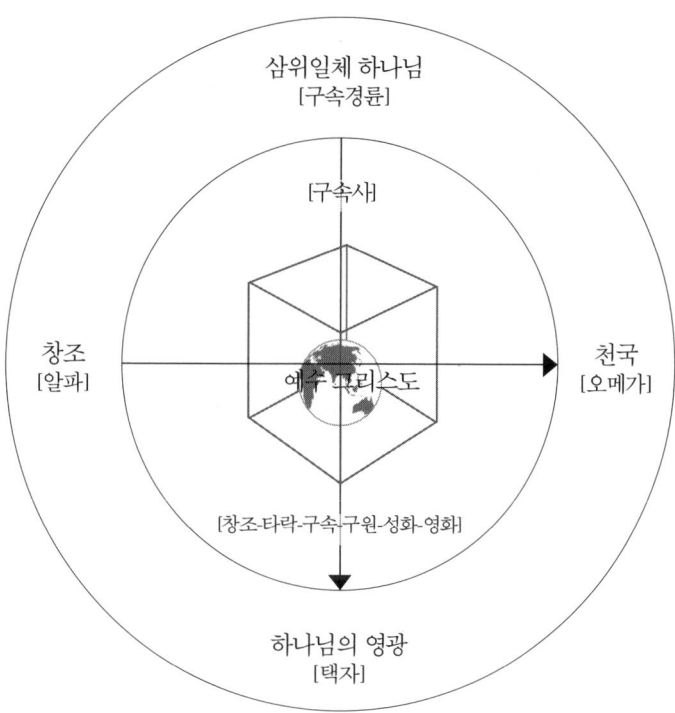

구속사와 신학전통

현대복음주의는 구속사를 경영하시는 하나님중심의 신본주의 관점이 아니라 구원을 필요로 하는 사람에게 중심을 둔 인본주의 시각에서 성경을 이해하고 있습니다. 저들은 죄인에게 구원을 베푸시는 하나님보다 단지 예수 그리스도가 이루신 구속의 사건에만 초점을 두고 있습니다. 또한 복음을 단지 구원을 위한 수단으로만 여기고, 사람을 창조하시고 구원하신 하나님을 알고 그에게 영광을 돌리며 사는 참된 신앙과 성숙한 삶으로 나아가지 못하는 상황입니다.

아울러 복음주의자들은 하나님께서 예수 그리스도를 통하여 우리의 구속을 완성하셨지만 사람이 그 구속의 은총을 어떻게 이해하고 반응하느냐가 구원을 결정짓는다고 주장합니다. 또한 복음을 듣고 구원받은 신자라도 자신의 의와 공로로 각자의 남은 구원을 완성해야 한다고 말하기도 합니다. 이는 하나님께서 타락한 죄인에게 내리신 신적인 저주와 인간의 원죄를 부인하는 거짓 교리입니다.

그 결과 저들은 하나님의 주권적이고 은혜로우신 사역을 죄인의 손에 든 도구로 만들어 버리고 하나님의 저주를 받아 허물과 죄로 죽은 죄인이 스스로 구원의 주체가 되어 자신을 구원할 수 있다고 주장하는 인본주의적이고 비성경적인 신학사상을 주장하고 있습니다.

더군다나 복음주의자들은 '구속사 신학'을 성경해석의 원리로 활용하고 있으면서도 실상 하나님이 주권적으로 이루시는 구원에 대한 올바른 이해를 갖고 있지 못합니다.

결국 구속사의 주체이신 하나님께서 그의 영원한 경륜을 따라서 행하시는 구원의 전적인 은혜성을 부인하며 그리스도가 십자가에서 이루신 완전한 구속과 성령의 구원의 능력을 부정하고 있습니다.

개혁주의는 삼위일체 여호와 하나님께서 그의 영원한 구속경륜을 작정하시고 또한 전능하신 하나님 자신이 친히 그의 권능과 은혜로 말미암아 크고도 놀라운 구속의 역사를 이루시고 그의 나라를 완성해 나가고 계심을 믿습니다.

지극히 선하신 하나님께서는 성령의 은혜로 말미암아 창세전에 택한 자들을 복음으로 부르시며 또한 저들로 하여금 예수 그리스도를 믿어 구원받고 영생을 얻게 하십니다. 결국 사람의 구원은 삼위일체 하나님께서 그의 영원한 경륜을 따라서 행하신 특별한 구속의 은혜를 통해 이루어지는 것입니다.

오늘날 개혁주의 신학자들은 성경과 역대 신조에 담긴 기독교의 정통교리에 근거하여 현대복음주의 신학사상들을 면밀히 살펴봄으로 성경신학이 바른 위치와 방향을 찾을 수 있도록 기여해야 할 것입니다. 그래서 현대의 성경신학이 과거의 인본주의적이고 세속적인 신학사상에서 벗어나 삼위일체 하나님께서 그의 영원한 경륜을 따라서 행하시는 신본주의적이고 성경적인 올바른 토대 위에 세워지도록 힘써야 할 것입니다.

제3부
하나님의 경륜과 구원

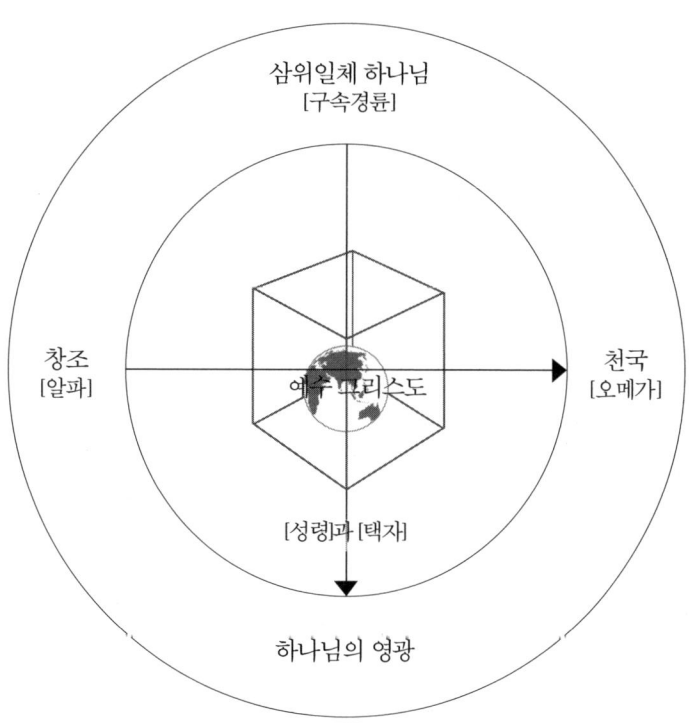

제1장
경륜의 대상

1. 중보자 예수 그리스도

하물며 영원하신 성령으로 말미암아 흠 없는 자기를 하나님께 드린 그리스도의 피가 어찌 너희 양심을 죽은 행실에서 깨끗하게 하고 살아 계신 하나님을 섬기게 하지 못하겠느냐 이로 말미암아 그는 새언약의 중보자시니 이는 첫 언약 때에 범한 죄에서 속량하려고 죽으사 부르심을 입은 자로 하여금 영원한 기업의 약속을 얻게 하려 하심이라(히 9:14-15).

주 여호와 하나님께서는 그의 영원한 영광을 위하여 기쁘신 뜻대로 영원한 경륜을 세우셨으며 그 특별한 구속의 계획 가운데 사람의 장래를 미리 정하셨습니다. 이러한 예정의 주체는 삼위일체 하나님이시며 또한 그 예정의 원인은 하나님의 자유롭고 은혜로우신 의지에서 흘러나온 하나님의 선하고 기쁘신 뜻입니다.

한편 삼위일체 하나님의 영원한 의논에서 나온 구속언약을 따라서 구속의 계획이 세워졌습니다. 그것은 하나님께서 그 영원한 예정 가운데 구속의 주체와 대상을 미리 정하신 것입니다.

먼저 하나님께서는 택자를 위한 구속의 주체와 죄인들의 '중보자(μεσίτης, mediator, 갈 3:19-20; 딤전 2:5; 히 8:6, 9:15, 12:24)'로 성자를 선택하셨으며 다음으로 구속의 대상인 인격적인 피조물 곧 사람과 천사들에 대한 '이중예정(double predestination)'을 작정하셨습니다. 그것이 바로 '선택'과 '유기'의 작정입니다.

중보자 예수 그리스도는 예정의 기초요, 선택의 머리이시며 택자의 대표가 되십니다. 먼저는 택함을 받은 천사들이 그들이 타락할 수 있는 상황에서 보호를 받도록 예정되었으며, 나머지 다른 천사들에게는 그의 은혜를 베풀지 아니하심으로 유기되어 저주하시기로 작정되었습니다. 다음으로는 택함을 받은 사람들이 그들의 절망적인 죽음과 심판의 형벌에서 구원받도록 예정되었으며, 나머지 다른 사람들에게는 그의 은혜를 베풀지 아니하심으로 유기되어 저주하시기로 작정되었습니다.

지극히 선하신 하나님의 영원한 경륜을 따라서 창세전에 택함을 받은 성도들은 하나님의 은혜로우신 구속사역의 결과로 구원과 영생의 선물을 받으며 영원부터 유기되기로 작정된 모든 죄인은 하나님의 저주 아래 심판과 지옥의 영원한 형벌을 받게 된 것입니다.

그런데 성경이 가르치는 하나님의 예정에 관한 중요한 사실은 바로 중보자이신 '그리스도 안에서의 선택(ἐν τῷ Χριστῷ, in Christ)'이라는 것입니다(엡 1:3-12). 이는 택자가 하나님의 선택을 받았더라도 그가 얻는 구원의 기초는 오직 예수 그리스도이심을 말씀하는 것입니다. 동시에 성도가 그리스도 안에서 선택받았다는 것은 본래 우리 속에 구원을 받을 만한 아무런 조건이나 가치가 없음을 알려 주는 것입니다.

본래 하나님께서 창세전에 그리스도 안에서 생명에 이를 사람들을 선택하신 것은 오직 그의 선하심과 자유로우시며 은혜로우신 의지에 근거한 것입니다. 이러한 하나님의 선택의 근거는 죄인의 공로나 자기 의에서 나온 것이 아니며 또한 죄인이 갖는 믿음이나 회개 등과 같은 미리 알 수 있는 반응 곧 예지에 의한 것도 결코 아닙니다.

자비로우신 하나님께서는 그가 영원부터 택하신 자들에게 믿음과 회개를 주십니다. 결국 죄인의 회심은 하나님이 선택하신 결과이지 원인이 아닙니다. 그러므로 하나님의 선택은 예지할 수 있는 인간의 덕이나 행위에 근거해서 결정되거나 제한되는 것이 아니며 도리어 구원은 성령께서 그의 은혜로 택한 자들을 부르시고 그들을 그리스도와 연합하게 하심으로 이루어지는 하나님의 특별한 선물인 것입니다(행 2:38; 고전 12:3; 엡 2:8-9; 딛 3:5).

2. 하나님의 택하신 백성

우리가 알거니와 하나님을 사랑하는 자 곧 그의 뜻대로 부르심을 입은 자들에게는 모든 것이 합력하여 선을 이루느니라 하나님이 미리 아신 자들을 또한 그 아들의 형상을 본받게 하기 위하여 미리 정하셨으니 이는 그로 많은 형제 중에서 맏아들이 되게 하려 하심이니라 또 미리 정하신 그들을 또한 부르시고 부르신 그들을 또한 의롭다 하시고 의롭다 하신 그들을 또한 영화롭게 하셨느니라(롬 8:28-30).

주 여호와 하나님께서는 창세전에 그의 기쁘신 뜻대로 예수 그리스도 안에서 미리 택하신 자들을 구원하시고 영생을 베풀어 주십니다(엡 1:3-6). 이러한 성경의 가르침은 그리스도 구속의 효력과 그 대상에 관하여 매우 중요한 진리를 가르쳐 줍니다.

자비로우신 하나님께서는 사람을 사랑하사 그의 아들을 이 땅에 보내셨으며 예수님은 죄인의 구속을 이루시고 저들을 죄와 사망에서 구원하기 위하여 하나님의 속죄양으로 내려오셨습니다(요 1:36).

그러므로 예수 그리스도는 자비로우신 하나님의 영원한 경륜을 따라 우리 죄인을 죄와 사망에서 구원하시기 위하여 이 땅에 오신 것입니다. 하지만 구속의 대상은 오직 하나님께서 영원부터 택하신 백성들입니다. 비록 주님이 인류의 모든 죄를 대속하셨으나 그 실제적인 구속의 효과나 적용은 오직 하나님이 미리 택하시고 복 주시기로 작정하신 백성에게만 있다는 것입니다(롬 8:28-30, 9:11-13).

결국 하나님의 영원한 경륜을 따라 성부께서는 그의 아들 예수 그리스도를 택자들의 구속의 중보자로 보내셨으며 또한 의로우신 주님은 죄인의 대표자로 오셔서 인간의 죄를 온전히 대속하셨습니다. 그리고 성령은 복음으로 영원부터 택한 자들을 구원하시기 위하여 이 땅에 내려오신 것입니다.

본래 하나님께서는 창세전에 영생을 얻게 하실 자들을 특별히 선택하셨습니다. 그것은 영원부터 무죄한 사람들 가운데 은혜를 베푸실 자들을 택한 것으로 결코 천지창조 후에 역사 속에서 범죄하여 타락하게 될 자들을 미리 아시고 그들 가운데 일부를 구원하시기로 작정한 것이 아닙니다.

개혁주의는 그리스도의 '제한속죄론(limited atonement)' 혹은 '특별구속론'을 고백하고 있습니다. 중보자 예수 그리스도께서는 오직 하나님이 영원부터 선택하신 자들을 위하여 구속을 완성하셨으며 보혜사 성령께서도 그리스도의 구속의 효력을 오직 택자들에게만 적용하시고 그들만을 구원하신다고 믿습니다.

주 예수 그리스도의 구속사역은 오직 택자들만을 구원하려는 것으로 실제적으로 그들만의 구원을 보장합니다. 그런즉 예수 그리스도의 죽으심은 하나님이 영원부터 선택한 특정한 사람들만을 대신해서 당하신 형벌로 대속의 사역입니다.

성령은 예수 그리스도께서 이루신 구속을 택하신 자들에게 적용하사 저들의 죄를 사하시며 구원과 영생을 베풀어 주십니다(요 3:16; 롬 6:23; 요일 5:11-12). 또한 성령은 성도들을 위해 지속적으로 선한 일을 행하심으로 말미암아(빌 1:6) 저들로 하여금 악한 세상 속에서 선한 것을 분별하고 거룩함을 이루어 가게 하시고(빌 1:10), 하나님의 기쁘신 뜻을 따라 순종함으로 선한 열매를 풍성히 맺도록 도우십니다(빌 2:13). 그리고 성령은 주님의 말씀으로 성도들의 믿음을 견고케 하셔서 세상의 모든 환난과 시험 가운데 끝까지 인내하고 충성하며 승리하도록 견인해 주십니다(요 10:27-28; 고전 1:8; 살후 3:3; 딤후 1:12, 4:18; 벧전 5:10).

모든 성도는 하나님 아버지의 영원한 선택을 받아 예수 그리스도의 구속과 성령의 은혜로 말미암아 구원을 얻습니다. 또한 성령은 예수 그리스도 안에서 우리를 구원하사 거룩한 하나님의 소유된 자녀로 인치시고(σφραγίζω, seal) 또한 기업의 보증(ἀρραβών, earnest, pledge)이 되셨습니다(엡 1:13-14; 고후 1:21-22).

이제 우리는 성령 안에서 주님의 거룩한 형상과 선한 삶을 본받아 살아감으로 오직 하나님께 영광을 돌리도록 힘써야 합니다(롬 8:29; 엡 4:24; 골 3:10). 그것이 바로 하나님께서 우리를 창조하시고 구원하신 목적입니다(엡 1:4, 2:10; 딛 2:14).

3. 하나님께 범죄한 사람

그는 허물과 죄로 죽었던 너희를 살리셨도다 그때에 너희는 그 가운데서 행하여 이 세상 풍조를 따르고 공중의 권세 잡은 자를 따랐으니 곧 지금 불순종의 아들들 가운데서 역사하는 영이라 전에는 우리도 다 그 가운데서 우리 육체의 욕심을 따라 지내며 육체와 마음의 원하는 것을 하여 다른 이들과 같이 본질상 진노의 자녀이었더니 긍휼이 풍성하신 하나님이 우리를 사랑하신 그 큰 사랑을 인하여 허물로 죽은 우리를 그리스도와 함께 살리셨고 너희는 은혜로 구원을 받은 것이라(엡 2:1-5).

주 여호와 하나님께서는 사람의 최고선이시며 자기의 거룩한 형상을 따라 사람을 선하게 창조하셨습니다(창 1:26-31). 또한 피조물인 사람의 목적은 창조주 하나님께 찬송드리고(사 43:21), 하나님께 모든 영광을 돌리며 사는 것이었습니다(롬 11:36; 고전 10:31). 아울러 사람의 참된 행복이란 하나님을 바르게 알고 그로부터 모든 은총과 복을 받아 누리며 사는 데 있었습니다.

그런데 사람은 하나님께 범죄하여 타락함으로 말미암아 하나님의 저주를 받아 참된 경배의 대상이신 하나님에서 떨어졌으며 또한 여호와 하나님만을 경외하고 신뢰하는 올바른 '지향성(intentionality)'과 오직 하나님의 말씀을 참된 표준으로 삼고 살아가는 '판명성(distinct)'을 잃어버렸습니다. 그 결과 하나님 앞에 타락한 죄인이 되어 거짓 우상을 숭배하고 이 세상에서 죄악의 깊은 어둠 가운데 헛된 철학사상을 따라 방황하며 일생동안 죄로 인한 고통과 죽음의 두려움을 안고 살아가는 비참한 존재가 되었습니다(롬 6:23; 히 9:27).

모든 사람은 하나님께 대하여 영적으로 죽었으며 그의 마음은 무지와 거짓으로 가득 차 있으며 그의 의지는 악한 본성의 지배를 받고 있습니다. 이러한 죄인의 상태를 '전적 부패(total depravity)'라고 말합니다. 이는 인간이 극악무도한 존재가 되었다는 것이 아니라 죄로 인한 부패가 인간의 생각과 삶의 전 영역에 가득 차 있다는 말입니다.

결국 하나님의 저주로 사람이 죄의 형벌(original guilty, 죄책)과 함께 죄의 지배를 받는 오염된 성품(sinful nature, 죄성)을 갖고 살아가게 되었습니다. 여기서 죄책이란 타락한 죄인이 하나님의 명령에 불순종함으로 받은 하나님의 형벌이며, 오염이란 모든 죄인이 지배받고 있는 본성의 부패 곧 전적으로 타락하여 참된 지혜와 거룩함과 의로움을 잃고 악한 본성을 소유하게 된 것을 말합니다.

그리고 모든 인간은 스스로 자신을 구원하거나 영적인 선을 행할 능력이 없는 '전적 무능력(total inability)'의 상태 곧 허물과 죄로 죽은 절망적인 상태에 처하고 말았습니다(엡 2:1-3). 이제 죄인이 죄와 사망에서 벗어나는 것은 오직 하나님께서 저들의 죄를 사하여 주시는 것 밖에 없습니다.

여기서 사람의 타락은 지극히 선하시고 지혜로우신 하나님의 자유로우신 의지와 그의 기쁘신 뜻으로 세워진 구속경륜 가운데 미리 작정된 일로 그의 영원한 계획을 이루시기 위한 하나의 수단과 과정으로 허락된 것이었습니다. 이것을 하나님의 '작정적 허용'이라고 말합니다. 그러므로 이 일은 하나님이 아담의 탐욕과 죄에 대해 무지하시거나 무능해서 일어난 것이 결코 아닙니다.

전능하신 하나님의 영원한 계획은 인간의 행위나 실수로 인해 제한되거나 변경되는 것이 아니며 도리어 하나님께서는 그분의 영원한 경륜 가운데 이러한 피조물의 범죄와 타락을 허용하시고 또한 그것을 통하여 궁극적으로 그의 선하신 뜻과 목적을 이루고 계신 것입니다.

지극히 선하신 하나님께서는 중보자 예수 그리스도를 보내사 구속을 성취하시고 또한 보혜사 성령을 보내사 우리로 하여금 오직 예수 그리스도를 믿음으로 구원을 얻도록 은혜를 베풀어 주십니다. 여기서 구원 얻는 믿음이란 실체도 인간이 구원을 얻음에 있어서 스스로 무엇인가 기여할 수 있음을 보여 주는 것이 아니라 그 자체가 하나님께서 은혜로 베풀어 주신 선물입니다.

모든 성도들의 믿음도 자신으로부터 나온 어떤 것이 아니라 오직 성령의 은혜로 말미암아 그들의 마음에 일으켜진 복음의 진리에 대한 확신을 말하며 또한 예수 그리스도 안에서 행하신 하나님의 모든 약속에 대한 성실한 신뢰를 말하는 것입니다.

결론적으로 구원은 삼위일체 하나님께서 영원한 경륜을 따라 그의 주권적인 은혜로 창세전에 택한 자기 백성에게 베풀어 주시는 특별한 선물입니다. 하나님께서 성령의 은혜로 말미암아 예수 그리스도 안에서 베푸신 우리의 구원을 빼앗을 자가 없습니다.

주님께서는 우리에게 말씀하셨습니다. "내 양은 내 음성을 들으며 나는 그들을 알며 그들은 나를 따르느니라 내가 그들에게 영생을 주노니 영원히 멸망하지 아니할 것이요 또 그들을 내 손에서 빼앗을 자가 없느니라 그들을 주신 내 아버지는 만물보다 크시매 아무도 아버지 손에서 빼앗을 수 없느니라(요 10:27-29)."

제2장
경륜과 구원

1. 하나님의 경륜과 구원

그러므로 내가 너희에게 알리노니 하나님의 영으로 말하는 자는 누구든지 예수를 저주할 자라 하지 아니하고 또 성령으로 아니하고는 누구든지 예수를 주시라 할 수 없느니라(고전 12:3).

주 여호와 하나님께서는 그의 영광을 위하여 그의 기쁘신 뜻을 따라 영원한 경륜을 세우셨습니다. 또한 그 경륜의 목적은 일차적으로 그의 구속의 특별한 사랑으로 말미암아 그가 택한 사람들을 죄와 사망에서 구원하시는 것이었으며, 궁극적으로는 구원의 하나님께 영광을 돌리게 하려는 것이었습니다.

구원의 주제는 삼위일체 하나님이십니다. 창세전에 영원한 구속경륜을 세우시고, 창세전에 그리스도 안에서 우리를 택하신 분도 하나님이시며 또한 구주 예수 그리스도 안에서 성령의 은혜로 말미암아 우리를 구원하시는 분도 하나님이십니다.

그리고 구원의 참된 근거는 하나님의 영원한 예정입니다. 하나님께서는 창세전에 영생 주실 자들을 미리 택하셨으며 또한 예수 그리스도의 구속과 성령으로 말미암아 저들을 구원하십니다(엡 1:13-14). 즉 구원은 하나님의 주권적인 은혜로 베푸시는 특별한 선물입니다.

보혜사(παράκλητος, helper) 성령은 하나님의 모든 것 곧 깊은 것까지도 통달하시며(고전 2:10) 또한 사람이 예수를 구주로 시인하여 구원을 얻게 하는 분이십니다(고전 12:3).

그런데 구원사역은 어느 한 위의 단독적인 사역이 아니라 삼위일체 하나님의 통일적인 사역입니다. 구원이 비록 성령께서 주도적으로 택한 자들에게 은혜를 베풀어 주셔서 그들을 복음으로 부르시고 또한 그들로 하여금 예수 그리스도를 믿어 중생케 하시는 일이지만 그 전체적인 구원이 성령의 독립적인 사역이 아니라 실제로는 삼위일체 하나님의 동시적이며 분리되지 아니하시는 통일된 사역의 결과입니다.

한편 성령께서는 예수 그리스도의 성육신과 공생애와 십자가와 부활과 승천의 전 구속사역에 동행하셔서 그 사역을 함께 이루셨습니다. 또한 성자가 이루신 구속의 공로를 영원부터 하나님께서 택하신 자기 백성에게 주관적으로 적용하시어 그들로 하여금 구주 예수 그리스도를 믿어 구원을 받도록 은혜를 베풀어 주십니다.

그리고 성령은 성도의 머리이신 그리스도로부터 모든 복과 은총을 받아 누리도록 은혜를 베푸십니다. 또한 성도들을 그리스도와 연합된 교회로 부르시고 주님의 교회에 여러 직분들과 다양한 은사들을 허락하십니다. 그리고 성도로 하여금 진리 안에서 믿음에 굳게 서서 마귀의 권세와 싸워 이기며 주님의 교회가 복음을 전파함으로 잃은 양들을 구원하여 하나님 나라를 확장해 나가도록 역사하십니다.

아울러 성령은 복음과 진리로 하나님의 경륜을 이루고 계십니다. 성령은 복음으로 죄인을 구원하시고 구원받은 성도로 하여금 거룩함을 이루고 하나님의 뜻을 따라 선한 열매를 맺도록 은혜를 베푸시며 저들의 믿음을 끝까지 견인하셔서 영원한 천국으로 인도해 주십니다.

삼위일체 하나님의 영원한 경륜은 구원에 이르는 참된 지혜입니다. 이는 영원부터 감추어진 것이었는데 이제는 성령의 은혜로 말미암아 예수 그리스도 안에서 구원받은 성도로 하여금 알게 하셨습니다(고전 2:7). 이제 모든 성도는 생명의 창조주요, 구원자이신 여호와 하나님께 모든 감사와 찬송으로 합당한 영광을 돌려야 할 것입니다.

구원에 대한 이해와 신학전통

현대복음주의는 구원을 하나님께서 그의 은혜로 이루시는 신적 사역으로 보는 것이 아니라 사람에 의해 결정된다고 하는 인본주의 사상을 갖고 있습니다. 이는 구원의 주체를 사람으로 보는 것입니다. 그래서 저들은 구원이 죄인의 의지적 결단이나 회개의 행위 혹은 사람의 선행이나 공로에 의해서 이루어진다고 말하며 심지어 신자라고 하더라도 자신의 행위에 따라 구원이 취소될 수 있다고 주장합니다.

더군다나 저들은 신앙의 목표와 가치를 사람과 이 세상에 두고 있으며, 신앙을 세속적 성공이나 육신적 축복과 동일시하고 있습니다. 최근에는 기독교회와 모든 신자가 적극적으로 사회윤리운동에 참여하여 이 세상을 기독교적인 이상사회로 변화시켜야 한다고 주장하고 있습니다.

오늘날 복음주의자들은 대부분 구원의 확신이 모호합니다. 저들은 복음에 대한 단순한 지식이나 종교적인 체험 혹은 자기 열심을 통해 구원을 얻게 될 것이라고 막연히 생각합니다. 또한 교회에 출석하고 있으면 당연히 천국에 들어갈 것이라고 믿습니다. 하지만 저들은 성경적인 구원의 분명한 확신을 갖지 못한 채 죄와 심판의 두려움과 함께 불안한 삶을 살아가고 있습니다.

저들의 또 다른 심각한 문제는 삶 속에서 자신의 욕망이나 세상적인 꿈이 좌절되면 쉽게 불신앙과 회의에 빠져 신앙을 버리는 것입니다. 그것은 신앙의 동기와 목적이 자신의 육신적인 행복과 세상 축복에 있었기 때문에 어려움이 찾아오면 더 이상 신앙생활을 지속할 이유가 사라지는 것입니다.

결국 이러한 복음주의 신자들의 비참한 결과는 저들의 신앙의 중심이나 목적이 오로지 신자나 이 세상에 두고 있기 때문이며 또한 구원을 신자 자신의 종교적 행위나 공로와 같은 사람의 조건과 책임 아래 두고 있기 때문인 것입니다.

성경은 우리의 구원에 대하여, "영생을 주시기로 작정된 자는 다 믿더라(행 13:48)"고 말씀하고 있으며 또한 "택하심을 따라 되는 하나님의 뜻이 행위로 말미암지 않고 오직 부르시는 이로 말미암아 서게 하려 하사(롬 9:11)"라고 말씀합니다.

개혁주의 관점에서 구원은 삼위일체 하나님께서 세우신 그의 영원한 경륜으로부터 나온 것이며 또한 자비로우신 하나님께서 주권적인 은혜로 그의 택하신 자들에게 베푸시는 특별한 선물입니다.

구원의 참되고 유일한 원인은 오직 삼위일체 하나님의 영원한 예정에 있으며 또한 구원의 견고한 기초는 하나님께서 그분의 영원한 경륜 가운데 온 인류의 참되고 유일한 구속의 중보자로 보내신 예수 그리스도이십니다.

주 여호와 하나님께서는 그의 영원한 경륜을 세우시고 성부는 하나님의 영생 주실 자들을 택하시고 성자 예수 그리스도를 중보자로 보내사 구속을 성취하셨으며 성령은 택한 자들을 부르사 예수 그리스도를 믿음으로 구원을 받게 하시고 영생을 베풀어 주십니다. 그리고 성령은 성도가 성경의 참 진리 안에서 거룩함을 이루며 하나님의 뜻을 따라 선을 행하며 살아가는 사람들이 되도록 돕고 계십니다.

기독교 정통신앙은 삼위일체 하나님께서 그의 영원한 경륜을 따라 이루시는 구원에 대한 참 진리에 기초하고 있습니다. 모든 성도는 생명의 창조주요 구원자이신 여호와 하나님께 모든 감사와 찬송으로 경배하며 그의 영원한 구속의 사랑과 놀라운 구원의 은혜를 알아 가는 가운데 하나님께 영광을 돌리며 살아야 할 것입니다.

2. 경륜과 구원의 서정

그 안에서 너희도 진리의 말씀 곧 너희의 구원의 복음을 듣고 그 안에서 또한 믿어 약속의 성령으로 인치심을 받았으니 이는 우리 기업의 보증이 되사 그 얻으신 것을 속량하시고 그의 영광을 찬송하게 하려 하심이라(엡 1:13-14).

삼위일체 여호와 하나님은 그의 영광을 위하여 영원한 경륜을 세우시고 창세전에 택한 자들에게 구원과 영생의 복을 주기를 원하셨습니다. 즉 구원은 하나님께서 자신의 기쁘신 뜻을 따라 작정하신 영원한 선택에서 맺어지는 열매인 것입니다(행 13:48; 엡 1:4).

그런데 자비로운 하나님께서 우리의 구원을 위해 일하시는 전 과정을 '구원의 서정(The order of Salvation)'이라고 부릅니다. 이것은 성부가 성령으로 말미암아 성자 안에서 택한 자들을 구원하시는 하나님의 주권적이고 은혜로우신 사역입니다(살후 2:13; 딤후 1:9).

주 여호와 하나님께서는 스스로 구원의 주체가 되시어 구속경륜을 세우시고 구원사역의 전 과정 가운데 역사하심으로 그의 위대한 구속을 성취하십니다. 이로써 모든 죄인은 자신의 구원에 관한 한 전적으로 무능력하다는 사실을 알게 하십니다. 특히 보혜사 성령은 그의 은혜로 말미암아 주도적으로 우리를 구원하시고(요 3:3), 믿음(고전 12:3)과 양자됨(롬 8:15)과 새롭게 하심(딛 3:5) 그리고 구원의 날까지 인치시는 분이십니다(엡 1:13, 4:30; 고후 1:21-22, 5:5).

한편 구원의 서정은 성령의 사역으로서 구원의 시간적 순서를 말하는 것이 아니라 성령께서 그의 은혜로 말미암아 택하신 자들을 구원하시는 동시적인 구속의 적용에 있어서 유기적이고 논리적인 순서를 의미합니다.

개혁신학에서는 '구원의 서정' 전체가 하나님의 영원한 경륜 안에 포함되었음을 고백합니다. 아울러 그 논리적 순서에서 '중생'을 '회심' 앞에 두어서 구원의 출발을 하나님의 주권적인 경륜과 은혜로우신 사역으로 설명하고 있습니다.

성경적인 예정론(하나님의 영원한 선택)은 구원론의 핵심이며 참된 구원의 원리입니다. 이는 하나님의 구속경륜을 따라서 성령께서 행하시는 은혜로우신 구원사역과 그리스도와의 신비적 연합이라는 시각을 가지고 구원을 이해하는 것입니다. 그 실재적인 구원의 서정은 소명(외적 소명, 내적 소명-유효적 소명), 중생, 회심(믿음, 회개), 칭의(양자), 성화(선행), 견인, 영화의 논리적 순서로 설명합니다.

반면 현대복음주의자들과 알미니안은 구원론의 핵심을 회심으로 잡고 이것을 중생 앞에 설정하고 있습니다. 이는 구원이 하나님의 뜻과 무관하게 오직 인간의 자유의지에 따른 판단과 결정에 따라서 좌우될 수 있다는 그릇된 사상입니다.

구원의 서정에서 회심(믿음과 회개)이란 그것이 조건이 아니라 중생의 결과로써 그리스도를 온전히 붙들고 자신의 모든 죄를 회개하고 돌이키는 것을 말합니다. 만일 알미니안처럼 중생 전에 회심이 먼저 오면, 주체이신 성령과는 상관없이 죄인이 회개하고 믿음을 고백하면 누구든지 구원의 은혜를 받을 수 있다는 인본주의적인 그릇된 구원을 주장하게 되는 것입니다.

삼위일체 하나님만이 구원의 유일한 주체이십니다. 하나님의 서수로 말미암아 허물과 죄로 죽은 인간이 구원을 얻는 길은 오직 하나님의 은혜로우신 사하심을 얻는 것 밖에는 없습니다. 그러므로 구원은 인간의 자유의지나 조건적 행위로 말미암지 않고, 오직 하나님의 영원한 예정 가운데 주권적인 은혜로 베푸신 특별한 선물입니다.

[경륜과 구원의 서정]

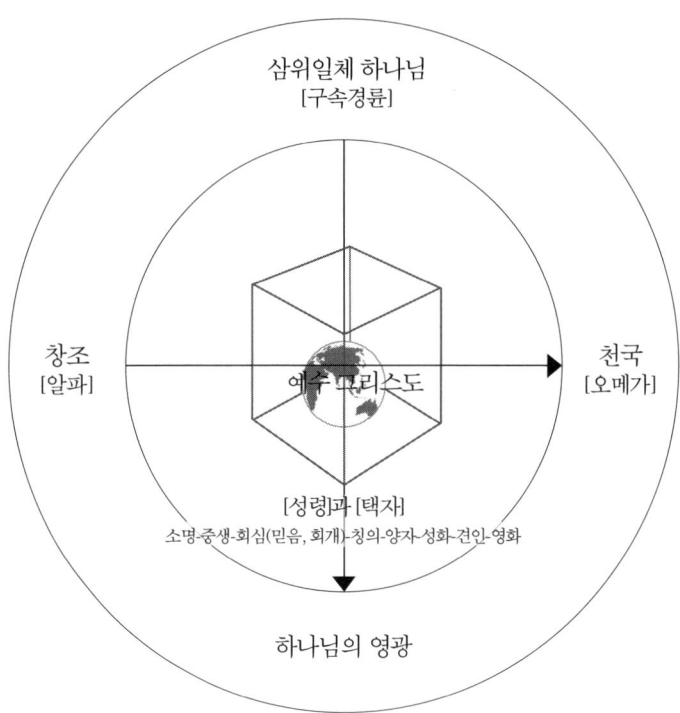

성령과 구원의 서정

보혜사 성령께서는 창세전에 하나님께서 그의 영원한 경륜을 따라서 택하신 자들을 복음으로 초청하시고 저들로 하여금 예수 그리스도를 믿음으로 하나님의 자녀가 되게 하십니다. 이러한 구원의 사역을 가리켜 성령의 '신비한 연합(mystic union)' 사역이라고 부르는데 성령께서는 '택자와 그리스도와의 연합'을 이루어 주시고 또한 성도를 완전함에 이르게 하시는 거룩한 사역을 실행하고 계십니다.

구원은 하나님의 영원한 선택에 기초하며 성령께서는 구원받은 성도들을 은혜와 능력으로 붙드심으로 그들은 이 세상에서 전능하신 하나님의 능력 가운데 믿음을 지키고 최후의 영광을 얻기까지 인내하며 반드시 승리할 것입니다. 장차 하나님의 위대한 섭리 가운데 모든 성도는 주님의 재림과 함께 성령의 은총 가운데 완전한 성화를 덧입고 영화로운 몸으로 부활하여 영원한 천국에 들어가 하나님께 모든 찬송과 영광을 돌리게 될 것입니다.

개혁주의 신학에서는 구원의 서정을 소명(외적 소명, 내적 소명-유효적 소명), 중생, 회심(믿음, 회개), 칭의, 양자, 성화, 견인, 영화의 단계로 설명하고 있습니다.

첫째, 소명(calling)이란 복음으로 죄인을 부르시는 하나님의 은혜로운 초청을 말하며 외적 소명과 내적 소명의 두 요소로 나눠집니다.

먼저 외적 소명이란 성령의 은혜로 말미암아 죄인들에게 그리스도의 十원을 선포하는 것 곧 복음을 제시하여 사죄와 영생을 얻기 위하여 믿음으로 그리스도를 받아야 한다고 하는 진실한 권고입니다. 외적 소명의 특징은 일반적이며 보편적인 부르심으로서 복음을 모든 사람에게 들려주는 것입니다.

다음으로 내적 소명이란 복음이 제시될 때 성령께서 죄인을 구원에 이르게 하는 소명입니다. 외적 소명에서 전해진 복음은 성령의 역사를 통하여 죄인의 마음에 유효한 효력을 발생하게 되는데 이를 '유효적 소명'이라고도 합니다. 이러한 내적 소명의 특징은 성령께서 복음을 듣는 죄인의 의지를 효과적으로 감화시켜서 그로 하여금 확실하고 궁극적인 구원에 이르게 하는 것입니다.

둘째, 중생(regeneration)이란 죽은 영혼을 일깨워 새 생명의 원리를 심어 주는 성령의 역사입니다. 이는 성령께서 죄인의 영혼의 지배적인 성향을 근본적으로 변화시키는 것이며 우리가 의식하지 못하는 사이에 죄인을 즉각적으로 변화시키는 사역을 말합니다.

셋째, 회심(conversion)이란 성령의 역사로 죄인이 옛 사람을 벗고 새 사람을 입는 것이며 단번에 일어나는 심령의 변화를 말합니다. 여기에는 '믿음과 회개'의 두 요소가 동시적으로 발생합니다.

먼저 믿음(faith)이란 하나님의 진실성에 관한 확신으로 그의 말씀을 믿음으로 받아들이는 것입니다. 구원적 신앙이란 성령께서 베푸신 복음의 진리에 대한 확신이며 또한 그리스도 안에서 행하신 하나님의 약속에 대한 성실한 신뢰라고 말할 수 있습니다.

다음으로 회개(repentance)란 성령의 초자연적 사역으로 죄인의 심령이 하나님께로 돌이키는 것입니다. 이것은 최초의 회개로서 마음의 근본적인 변화와 전환이며 또한 자신의 삶이 죄로 가득 찬 죄인이었음을 인식하고 거룩하신 하나님을 반역하여 범한 죄에 대해 슬퍼하는 것과 죄에서 떠나 전심으로 하나님께로 돌이킴을 의미하는 것입니다.

넷째, 칭의(justification)란 하나님께서 예수 그리스도의 완전한 의를 근거로 하여 죄인을 의롭다고 선언하시는 하나님의 주권적이고 법정적인 선언입니다. 이는 죄인의 상태 곧 죄성에 대한 것이 아니라 신분에 해당하는 것으로 성부께서 죄책을 단번에 제거하시고 죄인을 완전히 의롭다고 선언하시는 것입니다. 이 칭의의 근거는 결코 사람의 의로운 행위나 선이 아니며 오직 그리스도의 의에 있습니다. 또한 칭의는 성부께서 예수 그리스도의 전가된 의를 기초로 죄를 용서해 주시는 것이며 과거와 미래의 모든 죄에 적용됩니다. 그리고 칭의는 모든 죄책과 형벌을 제거하는 동시에 영생을 베푸시는 것입니다.

다섯째, 양자(adoption)란 하나님께서 의롭다고 선언하신 자를 하나님의 자녀로 세우시는 직접적이고 법적인 선언입니다. 이 양자는 하나님 아버지께서 영원부터 택하신 자를 성령의 은혜로 말미암아 예수 그리스도 안에서 구원하시어 하나님의 자녀로 삼아 주시고, 그로 하여금 하나님과 영원한 교제와 은총에 참여케 하시며 장차 하나님의 후사로서 영원한 기업을 얻게 하시는 은혜로우신 사역입니다.

여섯째, 성화(sanctification)란 성령께서 죄인을 그리스도와 연합하게 하셔서 죄의 부패에서 깨끗하게 하시며 본성을 하나님의 형상으로 갱신하여 선한 일을 할 수 있게 하시는 성령의 은혜로우시며 계속적인 사역입니다. 다만 성화는 도덕적이고 재창조적인 행위로 현세에서는 결코 완전에 이르지 못하며 죽을 때 완성됩니다. 그래서 성도에게는 지속적으로 죄와 싸워 이기는 것과 회개의 기도가 요구됩니다.

일곱째, 성도의 견인(perseverance)은 성령께서 성도들을 은혜의 상태로부터 전적으로 확실히 견인하여 영화에 이르게 하시는 사역입니다. 즉 성도 안에서 은혜의 역사를 시작하시고 계속하여 마침내 완성하시는 성령의 사역입니다. 이 견인의 사역은 하나님의 영원한 선택과 구속언약, 그리스도의 공로와 중보자의 영원한 효력, 성령께서 택자를 그리스도와 연합시키시는 신비적인 사역과 하나님의 자녀로 인치심 그리고 말씀의 지속적인 역사로 구원을 확실히 보증해 주시는 것입니다.

여덟째, 영화(glorification)는 현세가 아니라 죽음과 부활에서 이루어지는 것입니다. 영화의 시기는 개인적으로는 죽음의 때에 일어나며 또한 모든 성도가 동시에 부활할 때에 이루어집니다. 성도가 죽을 때 영혼의 성화가 완성되며 또한 성도는 주님의 재림시에 육체의 부활과 함께 온전히 영화로운 존재로 변화되어 영원한 천국에 들어가게 됩니다.

성령께서는 예수 그리스도 안에서 택한 자들을 구원하사 하나님의 자녀로 인치시며(엡 1:13-14) 또한 그들을 영화에 이르기까지 견인하십니다(롬 8:28-30). 이처럼 성령께서 성도를 구원에서부터 견인에까지 이르게 하시는 사역을 가리켜 '이중은총(dual grace)'이라고 부릅니다.

그래서 성령은 성도가 악한 의지를 버리고 선한 의지를 갖게 하시며 그들이 하나님의 말씀을 따라 거룩함을 이루며 선한 열매를 맺어 하나님을 기쁘시게 하는 삶을 살아가도록 역사하십니다.

보혜사 성령께서는 구원의 전 과정 곧 성도의 신앙과 삶의 전체를 주관하고 계십니다. 우리에게 은혜를 베푸사 오직 예수 그리스도를 믿음으로 칭의의 은총을 베풀어 주시고 또한 성화의 은총을 베푸사 거룩함을 이루며 선을 행하며 살아가도록 도우십니다.

결론적으로 삼위일체 하나님께서는 그의 영광을 위하여 그의 기쁘신 뜻대로 영원부터 그리스도 안에서 생명에 이르게 될 자들을 선택하셨으며 또한 성령의 은혜로 말미암아 저들로 하여금 예수 그리스도를 믿어 구속 곧 죄 사함을 받아 하나님의 자녀가 되게 하십니다.

모든 성도는 예수 그리스도의 생명의 복음과 성령의 크신 은혜로 죄와 사망에서 우리를 구원하신 주 여호와 하나님께 날마다 감사하며 범사에 그의 선하시고 기쁘신 뜻을 따라 행함으로써 오직 하나님께 영광을 돌리며 살아야 할 것입니다.

구원의 서정(The Order of Salvation)				
택자(Election)		유기자(Reprobation)	
구원의 원인	예정-선택	멸망의 원인	예정-유기	
구원의 서정		멸망의 서정		
소명	외적 소명 복음	저주	복음을 들려주지 않으심	
중생	내적 소명 유효적 소명	외적 소명 가능	복음을 들을 수도 있음	
믿음	그리스도와 연합	내적 소명 없음	결코 거듭나지 못함	
회심	최초의 회개	죄책	원죄와 죽음 심판과 영벌	
칭의	의의 전가 단회적 성취	죄성	부패와 오염 죄의 노예	
양자	하나님의 자녀	무지	영적 어둠 죄, 불의	
성화	지속적인 회개와 성숙	무능력	자력 구원 불가능	
선행	말씀, 기도, 선교	우상숭배와 악행	불신앙과 불순종	
견인	성령의 이중은총	대항과 고집	복음을 대적하고 회개치 않음	
소천	영혼의 성화 천국에 올라감	죽음	영혼이 지옥에 떨어짐	
부활	주님의 재림 의인의 육체 부활	부활	주님의 재림 악인의 부활	
영화	완전한 성화 차등상급	형벌	최후 심판 차등형벌	
영생	새 하늘과 새 땅 새 예루살렘	영벌	지옥 영원한 불못	
성도의 구원과 긍휼의 심판		공의의 심판과 악인의 멸망		
하나님의 영광(The Glory of God)				

3. 구원론에 대한 제 견해

개혁주의자들의 이해

19-20세기 개혁주의 신학자들의 '구원의 서정'에 대해 살펴보도록 하겠습니다. 미국의 핫지(Charles Hodge, 1797-1878)는 소명, 중생, 신앙, 칭의, 성화로 분류하고 또한 화란의 바빙크(Herman Bavinck, 1854-1921)는 소명, 신앙과 회심, 칭의, 성화, 영화로 구분하며 스코틀랜드의 머레이(John Murray, 1898-1975)는 소명, 중생, 믿음과 회개, 칭의, 양자, 성화, 견인, 영화의 순서로 이해함으로써 전통적인 견해를 따르고 있습니다.

반면 카이퍼(Abraham Kuyper, 1837-1920)는 '영원칭의론' 혹은 '가정중생설'에 근거하여 '칭의'를 맨 처음에 두고 이미 의롭게 된 자를 중생케 하시고 부르셔서 회개케 하시고 거룩하게 하신다는 매우 독특한 구원의 순서를 주장하면서 칭의, 중생, 소명, 회심, 신앙, 성화로 구분하고 있습니다. 이는 칼빈주의 예정론에 대한 극단적인 이해와 유기체적 보편교회론을 결합한 비성경적인 주장입니다.

그리고 벌코프(Louis Berkhof, 1873-1957)는 외적 소명, 중생과 유효적 소명, 회심, 신앙, 칭의, 성화, 견인의 순서로 분류하고 있습니다. 이 주장도 역시 하나님께서 은밀히 행하시는 구원사역을 미리 설정한 후에 이미 그리스도와 연합하여 중생한 자를 다시 복음으로 부르셔서 회개하게 하시고 의롭게 하신다는 비논리성을 담고 있습니다.

로마가톨릭교회의 견해

이들은 구원론에 있어서 교회가 하나님과 성경보다 선행되며, 구원의 서정은 충족은혜, 주입은혜, 협력은혜의 3단계로 전개되고 있습니다.

제1단계 '충족은혜'는 로마가톨릭교회가 구원의 주체로서 성령을 대신하며 저들이 제정하고 가르치는 교리에 대한 지식이 '복음'을 대신합니다. 즉 사제의 '성례(세례, 성찬)'가 구원의 방편으로서 중생과 칭의와 수양을 수여한다는 것입니다. 제2단계 '주입은혜(성체성사)'는 선행으로 성화하여 믿음과 소망과 사랑을 갖게 되는데 사제가 베푸는 성체성사를 통하여 그리스도와의 연합이 이루어진다고 말합니다. 제3단계 '협력은혜'는 '조력은총'이라고도 하며 '회심(고해성사)'와 '소명' 및 '초자연적 성화(영화, 고행, 만족)'를 말합니다.

로마가톨릭교회의 구원관의 핵심은 사제들이 베푸는 '미사'에 있습니다. 즉 구원은 오직 사제가 베푸는 '충족은혜(세례)'와 '주입은혜(성체미사)'를 받는 길밖에 없다고 주장합니다. 그러므로 사제는 하나님과 동등하고 사제는 '또 다른 그리스도'라고 말하며 사제들과 교회적 전승이 성경과 동등하거나 우위에 있다고 그릇된 주장을 하고 있습니다.

루터파의 견해

루터파는 기본적으로 하나님의 은혜의 역사로 죄인이 죄 사함과 구원을 받는다고 주장합니다. 그러나 그들은 하나님 편에서 행해지는 은혜로우신 사역보다는 인간 편에서 그 은혜에 대한 반응과 그 은혜를 자기 것으로 만들기 위해 행하는 사람의 노력을 강조합니다. 결국 이들은 구원을 죄의 노예의지를 가진 인간의 입장에서 이해하고 있으며 실제로 구원은 하나님의 은혜와 인간의 노력에 의한 '신인협동의 산물'이라고 주장하는 것입니다.

그래서 '구원의 서정'을 소명, 조명, 회심, 중생과 신앙, 칭의, 신비적 연합, 갱신, 보존으로 구분합니다. 이는 회심을 중생보다 앞에 두고 있는데 결국 사람의 노력에 의한 구원을 강조하는 또 다른 인본주의적 구원관을 주장하는 것입니다.

알미니안의 견해

이들은 펠라기안주의 전통을 따르면서 사람의 원죄에 대해서 부정합니다. 그리고 인간의 자발적인 응답에 의한 구원의 서정을 주장하고 있으며 소명, 회개와 신앙, 칭의, 중생, 성화, 견인의 순서로 구별합니다. 결국 이들은 중생하고 못하고는 인간의 책임으로 자신의 의지가 하나님의 은혜와 협력하느냐 하지 않느냐에 달려 있다고 보았습니다.

이것은 구원이 성령의 주권적 사역이 아니라 인간의 의지나 행위에 달려 있다고 말하는 것입니다. 또한 죄인이 은혜를 수용하거나 거절할 수 있다는 '가항력적 은혜'와 '신인협동론'을 주장하는 것입니다. 실로 이 견해는 사람의 의지와 행위가 구원의 은혜와 믿음을 좌우한다고 하는 비성경적인 인본주의 구원론입니다.

웨슬리안의 견해

이들은 하나님의 '선행은총'에 대한 '인간의 반응'을 중시합니다. 이 견해의 특징은 구원의 과정에서 순간적인 구원의 요소와 점진적인 성장에 대한 요소가 인본주의적으로 연속하여 결합된다는 것입니다. 이들의 구원의 서정은 선행은총, 회개(깨닫는 은총), 칭의와 죄의 용서, 신생, 칭의 후의 회개와 점진적 성화, 완전성화의 순서로 전개되고 있습니다.

이것은 하나님의 복음으로 부르시는 보편은혜에 대하여 사람이 바르게 응답함으로 구원이 시작되고 또한 신자의 선행을 통하여 구원이 최종적인 완성에 이른다고 주장하는 인본주의적 구원사상으로 소위 '복음적 신인협동론'이라고 부릅니다. 결국 이 견해는 역사적으로 이단사상을 주장하던 알미니안주의가 복음과 함께 보다 실천적이고 경건한 형태로 변형된 비성경적인 구원론이라고 할 수 있습니다.

제4부
하나님의 경륜과 성경해석

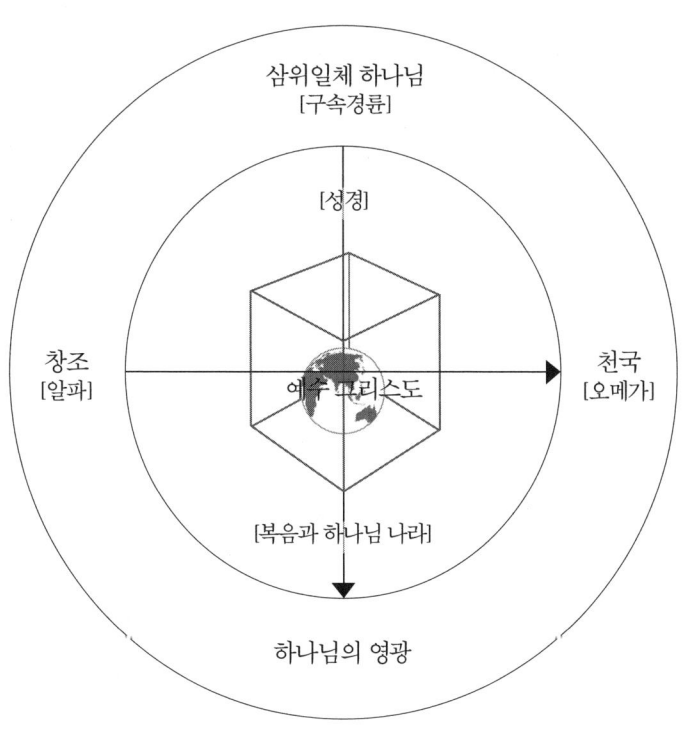

제1장
경륜과 성경해석

1. 개혁주의 성경해석

너는 진리의 말씀을 옳게 분별하며 부끄러울 것이 없는 일꾼으로 인정된 자로 자신을 하나님 앞에 드리기를 힘쓰라(딤후 2:15).

성경은 하나님의 자기 계시의 말씀이며 하나님께서 직접 영감하신 참 진리의 말씀으로 성도의 '신앙과 삶의 절대규범'입니다. 이 성경 안에는 하나님의 사람을 향한 특별한 사랑이 계시되어 있습니다.

자비로우신 하나님께서는 성경을 통해 그의 영원한 경륜 곧 구속의 사랑을 언약으로 계시해 주셨습니다. 또한 하나님께서는 그의 은혜로우신 언약을 따라 구속을 이루시고 그가 창세전에 택한 사람들로 하여금 예수 그리스도를 믿어 저들로 구원을 얻게 하셨습니다.

아울러 진리의 영이신 성령은 성경의 참된 저자이시며(딤후 3:16-17, 벧후 1:20-21), 하나님의 말씀을 올바로 깨닫게 하시는 진리의 교사요 성경해석의 주체이십니다(요 14:16-17, 26, 16:13).

한편 개혁주의는 삼위일체 하나님과 그의 영원한 경륜에 따라 올바른 성경해석을 추구합니다. 이것을 다음의 몇 가지 성경해석의 원리로 요약해 볼 수 있습니다.

신본주의 성경해석

성경은 삼위일체 여호와 하나님의 자기 계시의 말씀입니다. 그러므로 성경은 계시의 주체요, 성경의 저자이신 하나님과 그의 영원한 경륜에 중심을 둔 신본주의적인 관점을 가지고 해석해야 합니다.

성경해석을 위한 바른 자세는 하나님을 경외하고 그에게 영광을 돌리고자 하는 경건한 마음에서 시작되어야 합니다. 그것은 하나님이 생명의 창조주요 참 진리의 원천이시며 또한 사람에게 자신을 직접 계시해 주시고 영생을 베푸시는 구원자이시기 때문입니다.

성경중심 성경해석

성경이 하나님의 절대 진리임을 확신하고 오직 성경만이 신앙과 삶의 유일한 표준임을 고백해야 합니다. 또한 성경에는 구원과 삶에 필요한 충분하고 확실한 모든 진리가 있다는 충족성과 명료성에 대한 믿음을 가져야 합니다.

주께서는 "누구든지 이것들 외에 더하면 하나님이 이 두루마리에 기록된 모든 재앙들을 그에게 더하실 것이요 만일 누구든지 이 두루마리의 예언의 말씀에서 제하여 버리면 하나님이 두루마리에 기록된 생명나무와 및 거룩한 성에 참여함을 제하여 버리시리라"고 말씀하셨습니다(계 22:18-19).

성경해석자는 성경을 하나님의 영원한 경륜으로부터 나온 하나의 은혜언약으로 보는 '언약적 통일성' 안에서 '오직 성경(sola scriptura)과 전체 성경(tota scriptura)'의 안목을 가지고 해석해야 합니다. 그것은 개혁주의 성경해석의 원리인 '적정(moderate)과 절도(sobriety)'의 태도를 가져야 한다는 것입니다. 즉 성경에서 벗어나 호기심과 상상으로 해석하지 말아야 한다는 것입니다.

우리는 오직 성경에서 전체 성경을 해석하여야 하며 또한 전체 성경의 입장에서 오직 성경을 해석해야 합니다. 이는 '성경은 성경으로 해석한다'는 종교개혁자 성경해석의 참된 원리입니다.

성령의 조명과 성경해석

성령은 성경의 저자이시며 진리의 참된 교사이십니다. 그러므로 성경해석에는 참된 인식의 원리로 외적 은총인 성경과 내적 인식의 원리로 신자의 믿음에 조명하시는 성령의 도우심이 절대적으로 필요합니다.

사도 바울은 "내 말과 내 전도함이 설득력 있는 지혜의 말로 하지 아니하고 다만 성령의 나타나심과 능력으로 하여(고전 2:4)"라고 말하며 또한 사도 베드로도 "성경의 모든 예언은 사사로이 풀 것이 아니니 예언은 언제든지 사람의 뜻으로 낸 것이 아니요 오직 성령의 감동하심을 받은 사람들이 하나님께 받아 말한 것임이라(벧후 1:20-21)"고 경고합니다.

성경해석자는 성경을 읽고 해석하는 노력을 기울이기에 앞서서, 먼저 하나님 앞에 나아가 진리의 성령께서 그의 은혜로 하나님의 뜻을 밝히 조명해 주시고 바르게 깨닫게 해 주시기를 간구해야 할 것입니다.

기독교 신앙규범과 성경해석

기독교의 공인신조는 성경적이고 사도적이며 공교회적인 신앙고백을 말하며 기독교회의 성경해석과 설교 및 목회의 공적규범입니다. 또한 신조는 정통신앙의 표준으로 모든 거짓된 해석과 이단사상을 분별하는 기준입니다.

성경해석자는 오직 성경에서 전체 성경을 해석한 공인신조에 진술된 정통교리의 내용을 바로 이해하여야 하며 또한 그 안목을 가지고 성경을 바르게 해석할 수 있어야 합니다.

그리스도 중심의 성경해석

성경의 주제는 구주 예수 그리스도이십니다. 그런즉 성경해석자는 전체 성경이 말하고자 하는 핵심이 곧 예수 그리스도와 그의 구속사역에 있음을 알아야 합니다.

성경해석자는 신본주의적인 안목을 가지고 그리스도의 구속에 중심을 둔 성경해석을 할 수 있어야 합니다. 또한 신본주의적인 구속사에 대한 이해로 예수 그리스도 안에서 계시된 하나님의 크고도 놀라운 구원을 명확히 드러낼 수 있어야 할 것입니다.

하나님의 사랑과 성경해석

성경의 핵심 사상은 바로 하나님 사랑과 이웃 사랑입니다. 성경해석의 결과로 선포되는 하나님의 말씀은 바로 사랑을 교훈하고 실천하는 방향으로 나아가야 합니다.

성경해석자는 복음을 전파하여 죄인들을 구원하시는 하나님의 영원한 사랑과 풍성한 은혜를 선포하고 모든 성도가 하나님의 참 사랑 안에서 거룩함과 순수한 사랑의 실천을 추구하며 살아가도록 성경을 바르게 해석하여 선포해야 할 것입니다.

천국지향적 성경해석

참된 신앙의 목표는 이 타락한 세상에서 우리의 소원과 세상의 욕망이 성취되는 것이 아니라 이 땅 가운데 오직 하나님의 선하신 뜻이 성취되고 그의 영원한 나라를 완성하는 데에 있습니다.

성경해석의 목표는 하나님께서 그의 말씀과 권능으로 다스리시는 하나님 나라를 지향하여야 하며 그 결과 성도로 하여금 이 세상이 아니라 하나님이 주실 영원한 천국과 상급을 소망하며 살아가도록 해야 할 것입니다.

하나님의 영광과 성경해석

하나님께서 성경을 통해 자신을 계시하신 일차적인 목적은 택자의 구원에 있습니다. 하지만 하나님의 궁극적인 목적은 예수 그리스도 안에서 우리를 구원하신 삼위일체 여호와 하나님께 온전한 영광을 돌리는 것입니다.

개혁주의 성경해석은 죄인의 구원이나 사람의 지상적인 행복을 위한 것이 아니라 구원받은 성도로 하여금 하나님만을 영원토록 즐거워하며 오직 하나님께 영광을 돌리며 살아가도록 하는 데에 있음을 명확히 밝히는 데 있습니다.

2. 신본주의 성경해석

그러나 진리의 성령이 오시면 그가 너희를 모든 진리 가운데로 인도하시리니 그가 스스로 말하지 않고 오직 들은 것을 말하며 장래 일을 너희에게 알리시리라 그가 내 영광을 나타내리니 내 것을 가지고 너희에게 알리시겠음이라(요 16:13-14).

삼위일체적 성경해석

개혁주의는 삼위일체 하나님중심의 신본주의 관점에서 성경을 해석합니다. 이는 계시의 수여자요 해석자이신 하나님의 영원한 경륜을 따라서 성경을 묵상하는 것입니다. 왜냐하면 생명과 구원의 모든 복이 오직 하늘에 계신 하나님으로부터 내려오기 때문입니다(약 1:17).

오늘날 복음주의자들은 '구속사적 성경해석'을 하고 있는데 이는 성경을 역사적인 흐름과 사람의 관점에서 연구하는 것입니다. 즉 역사 내에서 자신의 구속경륜을 계시하신 하나님의 입장이 아니라 이 세상에서 구원을 필요로 하는 사람의 입장에서 해석한다는 것입니다.

반면 개혁주의는 구주 예수 그리스도 안에서 '삼위일체 하나님 중심의 신본주의 해석을 추구합니다. 그래서 신구약성경의 통일성을 말할 때에도 단순히 기독론적인 통일성이 아니라 삼위일체 하나님의 통일성을 말합니다.

삼위일체 하나님의 통일성(신론적 통일성)을 가지고 성경을 해석해야 합니다. 그것은 하나님께서는 삼위의 구별된 위격적 사역이 존재함에도 그의 단일하고 자유로우신 의지로 하나의 '통일된 경륜'을 세우시고 또한 모든 일을 삼위가 분리되지 않으시고 동시적인 '통일적 사역'을 통해 성취하신다는 것입니다.

그러므로 삼위일체 하나님의 역사 내에서의 모든 사역은 그의 영원한 경륜에 기초하고 있습니다. 즉 하나님께서는 창세전에 예정하신 것을 역사 가운데 성취하고 계신 것입니다.

한편 성경은 삼위일체 하나님의 통일성에서 나온 계시로서 '언약적 통일성'을 갖고 있습니다. 신구약성경이 하나의 동일한 언약이며 하나님께서 그의 영원한 구속언약에 기초하여 그리스도의 구속을 통하여 택한 자들을 구원하시는 '은혜언약'의 말씀입니다. 이는 복음주의 구속사신학의 문제점 곧 역사와 문맥 안에서 성경을 이해하고 또한 단순히 기독론에 초점을 둔 성경해석의 한계를 극복해 줍니다.

그리고 성경해석자가 하나님께서 세우신 그의 영원한 경륜 가운데 성경을 바르게 이해할 수 있게 하며 신구약성경을 하나의 통일된 계시로 '언약적 통일성'을 가지고 해석하도록 도와줍니다.

개혁주의는 신본주의 예정론과 언약의 통일성을 근본적인 성경해석의 원리로 봅니다. 즉 삼위일체 여호와 하나님의 실체적 통일성에서 나온 통일적 경륜과 하나님의 영원한 예정에 기초하여 신구약성경의 언약적 통일성을 가지고 성경을 바르게 해석하는 것입니다. 이는 하나님을 성경해석의 주체로 믿고, 전체 성경을 하나님의 경륜을 따라 성경을 해석하는 신본주의적인 해석방식입니다.

아울러 개혁주의는 성경해석과 설교사역에 이르기까지 성령의 주권적인 역사와 은혜를 강조합니다. 성령은 목회자의 설교사역을 통하여 열매를 맺도록 역사하시는데 여기서 성령의 능력이 일차적이요 인간의 노력은 부차적인 것입니다.

나아가 성령께서는 그의 은혜로 말미암아 설교하는 자와 말씀을 듣는 자들에게 조명하심으로 그들을 변화시키십니다. 오직 성령께서 우리의 마음을 밝혀 줄 때에야 하나님의 말씀이 죄인의 심령 속으로 들어와 역사하시는 것입니다. 그러므로 목회자의 설교와 가르침의 모든 열매와 영광은 사람에게 있지 않고, 오직 성령에게 귀속되는 것입니다.

모든 목회자와 성도들은 복음사역 가운데 성령께서 그의 은혜와 권능으로 말미암아 우리를 통해 이루고 계시는 모든 선한 열매를 인하여 오직 하나님께 온전한 영광을 돌려야 할 것입니다.

신본주의 성경해석의 구조

개혁주의 성경해석 원리는 독특한 구조를 갖고 있습니다. 그것은 모든 성경을 '5구조, 2차원, 3단계'라는 기본원리에 맞추어 해석하는 것입니다.

첫째, 계시의 주체이신 하나님중심으로 성경을 살펴보아야 합니다. 그것은 각 성경을 해석할 때 삼위일체 하나님과 하나님의 영원한 경륜에 따라서 하나님의 존재에 대한 부분과 사역적인 부분을 구분하여 본문을 구조화하는 일입니다.

먼저는 성경의 저자이신 삼위일체 하나님중심의 신본주의 관점으로 내용을 총체적으로 바라보고, 다음에는 하나님의 영원한 경륜을 이루시는 삼위가 대표성을 가지고 일하시는 구별되고 고유한 사역을 따라서 성경을 면밀히 해석하는 것입니다.

둘째, 계시의 대상에 대한 하나님의 사역을 살펴보는 것입니다. 성경에서 하나님께서는 그의 영원한 예정을 따라 택자와 유기자를 구분하시고 그 두 대상에 대한 2차원적 사역을 실행하고 계십니다.

하나님의 2차원적인 사역이란 하나님께서 사랑으로 택자를 구원하시는 것과 공의로서 유기자에 대한 심판을 병행하여 일하시는 것입니다. 이는 그 대상인 택자와 유기자를 향한 계획으로 양분됩니다. 즉 하나님의 사랑과 공의, 선과 악, 생명과 사망, 구원과 심판, 은혜와 저주, 천국과 지옥 및 영생과 영벌 등에 대한 내용으로 구분되는 것입니다.

셋째, 계시의 구체적인 실행으로써 하나님의 사역을 본문의 흐름을 따라서 3단계로 나누어 살펴보는 것입니다.

성경은 예수 그리스도를 중심으로 기록되어 있는데 그 주요내용은 그리스도의 구속, 하나님의 택하신 자들의 구원 그리고 하나님 나라의 완성으로 구성되어 있습니다. 그러므로 우리는 모든 성경을 예수 그리스도(복음), 성령과 교회(진리), 성령과 신국사(하나님나라, 선교)라는 3단계적 순서로 나누어 해석해야 하는 것입니다.

넷째, 계시의 마지막 단계로 하나님의 목적에 맞추어 성경을 해석하는 것입니다. 성경을 계시하신 목적은 하나님께서 영원한 구속경륜을 완성하시고 마침내 성도들을 천국에 들이셔서 그들로 하여금 여호와 하나님께 모든 감사와 찬송과 영광을 돌리게 하시기 위함입니다.

기독교 신앙의 목적이 사람에게 영생을 주시는 창조주요, 구원자이신 삼위일체 여호와 하나님을 알고 오직 그에게 영광을 돌리는 데 있음을 인식하고 그 목적에 맞추어 성경을 해석해야 할 것입니다.

3. 신국론(하나님 나라)에 대한 제 견해

삼위일체 하나님께서 세우신 그의 영원한 경륜의 목표는 예수 그리스도 안에서 완성될 '하나님 나라(kingdom of God)'입니다. 이는 하나님께서 그의 언약을 따라 택하신 자들을 예수 그리스도 안에서 구원하시고 하나님이 왕이 되셔서 영원토록 자기 백성을 다스리시는 거룩한 왕국을 건설하시는 것입니다. 장차 이 나라는 만왕의 왕이신 주님께서 재림하셔서 자기 백성을 천국에 들이심으로 완성될 것입니다.

자비로우신 하나님께서는 창세전에 영원한 하나님 나라의 위대한 일을 계획하시고 예수 그리스도 안에서 그의 크신 사랑과 권능으로 그 나라를 세우셨으며 지금도 성령의 은혜와 권능으로 그 나라를 완성해 나가고 계십니다.

참된 성경해석의 목표는 이 세상이나 사람을 위한 것이 아니라 하나님의 영원한 경륜을 따라서 하나님이 계시하신 언약의 실체인 예수 그리스도와 그의 구속사역을 통해 세워지고 완성되는 거룩하고 영원한 하나님 나라를 지향하도록 해야 할 것입니다.

신본주의적 이해

전능하신 하나님은 그의 나라를 직접 세우시고 다스리시는 주권자이십니다. 하나님 나라는 예수 그리스도가 오심으로 이 땅 위에 이미 세워졌으며 역사 속에서 확장되고 있는 현재진행적인(마 12:28; 눅 17:20-21; 마 13:31-33) 나라요, 동시에 최종적인 완성을 향해 나아가는 미래지향적인(눅 17:22-24, 22:14-18; 마 25:31-33) 나라로서의 이중국면을 띠고 있습니다.

본래 하나님 나라(ἡ βασιλεία τοῦ Θεοῦ, 마 6:10-13, 33)는 만왕의 왕이신 하나님과 그가 친히 택하시고 구원한 백성들 그리고 그가 영원히 통치하시는 장소로 이루어집니다. 이는 에덴동산에서 시작되어 인류가 타락한 후에는 그가 구원하신 백성들의 공동체 가운데 지속되어 왔으며 마침내 예수 그리스도의 구속사역을 통하여 거룩하고 영원한 하나님 나라가 세워졌습니다.

주 예수 그리스도는 하나님 나라의 왕으로 그의 성령과 말씀으로 자기 백성을 통치하고 계시며 그 나라는 이 세상을 목표로 하는 것이 아니라 종말과 함께 도래할 영원한 천국을 지향하고 있습니다. 아울러 하나님 나라는 장차 주께서 다시 오실 때에 모든 성도에게 베풀어 주실 새 하늘과 새 땅으로 완성되는 것입니다.

미래적인 이해

이 견해는 하나님 나라를 현재가 아니라 미래에 올 최종적인 회복 및 완성에 초점을 두고 있습니다. 그것은 하나님 나라가 이 세상이나 역사 가운데 세워지는 것이 아니며 마지막 때에 하나님 나라의 최종적인 형태로써 천국으로 나타난다는 것입니다.

이 견해는 천국에 대한 극단적이고 종말적인 이해를 견지함으로써 현재의 질서에 대한 부정적이고 회의적인 태도를 갖고 있으며, 성령의 역사하심과 성경의 모든 교훈들을 개인적이고 영적인 것으로만 간주하는 경향을 띠고 있습니다. 이러한 현상은 주로 현세에서 큰 고통을 당하는 절망적인 신자들이나 시한부 종말론을 주장하는 사람들에게서 많이 나타나고 있습니다.

내재적인 이해

이 견해는 하나님 나라를 신자의 영혼이나 개인의 내면적 삶에 초점을 두고 있습니다. 그래서 하나님 나라를 개인의 신앙생활에 있어서 신자의 개별적인 영적인 체험이나 종교적 경험을 뜻하는 것으로 이해합니다.

이 견해는 성경과 교회의 가르침보다 개인의 주관적인 영성을 우선시하는 신비적인 신앙에 치우치고 있습니다. 그 결과 이 세상 속에서 가시적인 교회공동체나 신자로서의 실제적인 삶과 신앙의 실천을 무시하는 부정적인 경향을 띠고 있습니다. 오늘날에는 주로 은사주의자들이나 신사도운동가들과 같은 신령주의 단체들이 이러한 견해를 갖고 있습니다.

교제로서의 이해

이 견해는 하나님 나라를 신자들의 사귐이나 교회공동체 안에서의 교제라고 이해하는 것입니다. 그래서 하나님 나라가 개인의 영혼보다는 지상적이고 가시적인 공동체와 그들의 관계 속에서 이루어진다고 보는 것입니다.

이 견해는 하나님 나라에 대한 인본주의적이고 세속적인 관점을 견지함으로서 도리어 기독교 신앙이 가진 영적이고 내세적인 측면을 간과하고 있으며 또한 신자들만의 공동체생활을 지나치게 강조함으로 교회가 감당해야 할 이 사회와 세상에 대한 영적인 의무와 책임을 멀리하는 극단적이고 분리주의적인 경향을 갖고 있습니다. 오늘날 이러한 모습은 주로 기독교 내의 회중교회와 독립교회나 이단단체 속에서 나타나고 있습니다.

제도적인 이해

이 견해는 하나님 나라를 현세적이고 지상적인 교회제도와 동일시하는 것입니다. 곧 교회를 하나님 나라의 현재적인 형태라고 이해하는 것입니다. 그래서 하나님은 지상 교회 안에서 지상 교회를 통하여 이 세상을 다스리시며, 특히 교회의 직분과 질서를 통해서 그의 왕국을 실제적으로 통치하신다고 주장합니다.

이 견해는 하나님 나라의 영적인 성격을 현세적인 제도로 격하시키고 있으며 게다가 보이는 지상 교회가 세속사회보다도 우월한 지위에서 저들을 지배하거나 대립하는 경향을 갖고 있습니다. 그래서 비성경적이고 계급적인 교회의 직분과 인본주의적이고 세속적인 교회의 모습을 강하게 띠고 있습니다. 주로 로마가톨릭교회의 교황성지제도와 계급주의적인 감독정치제도를 취하고 있는 성공회와 같은 종파에서 이러한 경향을 볼 수 있습니다.

문화적인 이해

이 견해는 하나님 나라의 구체적인 실체인 교회공동체가 영적인 영역과 동시에 이 세상의 문화 속에서 하나님의 통치를 실현해야 한다는 것입니다. 그래서 교회가 주체가 되어 이 타락하고 악한 문화를 거룩하고 선한 문화로 변화시켜야 한다는 기독교적 변혁주의 문화관을 갖고 있습니다.

이 견해는 하나님 나라의 본질적인 성격을 이 세상을 위한 문화변혁운동으로 대치함으로써 교회를 인본주의적이고 세속적인 종교단체로 변질시키는 결과를 낳고 말았습니다.

결국 기독교회의 모든 활동이 자신의 영향력을 이 세상 가운데 확대하려고 하는 세속적인 종교운동으로 전개되고 있으며 본래 하나님께 범죄하여 사망과 심판의 절망적인 형편 가운데 처한 인간의 죄의 문제와 영혼의 구원이라는 기독교의 본질과 사명을 잃어버리게 된 것입니다. 이것이 하나님의 주권사상을 세속적으로 변형시켜서 나온 소위 영역주권설과 문화변혁론을 주장하는 신칼빈주의자들과 사회복음운동을 벌이고 있는 신복음주의자들의 실상입니다.

정치적인 이해

이 견해는 하나님 나라를 이 세상의 세속적인 왕국과 동일시합니다. 이 세상 나라가 곧 기독교적인 신권통치의 실현이라고 이해하는 것입니다. 그래서 기독교를 국교로 하는 나라의 국왕이 하나님의 신탁을 받은 대리자로서 모든 교회와 세상을 지배하며 성경의 내용을 국가통치의 기본원리로 하여 이 땅에 완성된 하나님 나라를 건설해야 한다는 주장입니다.

이 견해는 하나님의 실제적이고 영적인 통치의 영역을 한 사람과 세상으로 대체하고 종말적이고 내세적인 하나님 나라의 성격을 인본주의적이고 현세적인 지상세계로 격하시키는 비성경적인 이해입니다. 역사적으로 이러한 이해는 로마제국이 기독교화한 이후에 등장한 어용적 제국신학과 중세시대의 교황의 세속통치시기 그리고 종교개혁시기에 등장한 에라스티안주의 등에서 살펴볼 수 있습니다.

사회적인 이해

이 견해는 하나님의 통치를 인간과 이 세계내의 사회문제를 해결하는 종교윤리적인 운동으로 이해합니다. 또한 하나님 나라를 기독교가 현 세계 속에서 하나님의 가르침과 반대되는 악하고 불의하며 비인간적인 것을 제거하는 운동을 통하여 이상사회를 건설하는 것이라고 생각하는 것입니다.

이 견해는 사회를 타도하고 개혁시켜야 할 대상으로 보고 지상교회와 기독공동체가 그러한 변화를 주도하고 윤리적이고 사회적인 변혁의 역할을 감당하는 주체가 되어야 한다고 주장합니다. 그러나 이러한 사상은 기독교를 하나의 종교철학이나 사회윤리운동으로 이해하는 인본주의적이고 세속적인 그릇된 사상입니다. 오늘날 이러한 모습은 기독교 자유주의 신학자들의 신학사상 가운데 목격되고 있습니다.

제2장

경륜과 창세기

1. 구약성경과 창세기

내가 너로 여자와 원수가 되게 하고 네 후손도 여자의 후손과 원수가 되게 하리니 여자의 후손은 네 머리를 상하게 할 것이요 너는 그의 발꿈치를 상하게 할 것이니라 하시고(창 3:15).

구약성경과 하나님 나라

성경은 하나님께서 자신을 피조물인 사람에게 직접 알려 주신 자기 계시의 말씀입니다. 특히 삼위일체 하나님은 성경을 통하여 자신을 창조주 하나님이시요, 구원의 하나님으로 알리셨습니다.

구약성경에서는 자비롭고 은혜로우신 하나님이 그의 영원한 경륜 곧 특별한 구속의 사랑을 사람과 언약을 맺으시는 방식으로 계시해 주고 있습니다. 이러한 하나님의 구속의 언약은 예수 그리스도의 복음으로 세우시고 완성하시는 '하나님 나라(the kingdom of God)'를 목표로 한 것이었습니다.

그러므로 전능하신 하나님께서 세우신 영원한 경륜의 목표는 복음으로 택하신 자기 백성을 구원하시어 거룩하고 영원한 하나님 나라를 세우시고 완성하시는 것입니다.

본래 하나님 나라는 여호와 하나님께서 창조하신 첫 사람 아담과 이 세상 가운데 세워진 에덴동산으로부터 시작되었습니다. 또한 이 나라는 지상왕국이 아니라 영원한 하나님 나라를 지향하고 있었습니다.

인류의 대표자인 첫 사람 아담이 하나님께 불순종하여 범죄함으로 말미암아 에덴동산이 폐쇄되었으나 전능하신 하나님께서는 그의 은혜로우신 구속의 언약을 통하여 장차 오실 메시아로 인해 세워질 참되고 영원한 하나님 나라를 계시해 주셨습니다.

그리고 하나님께서 친히 자기 백성을 구원하심으로 세우실 하나님 나라의 놀라운 계획은 "여자의 후손은 네 머리를 상하게 할 것이요 너는 그의 발꿈치를 상하게 할 것이니라(창 3:15)"는 언약 속에서 밝히 드러났습니다. 이는 하나님 나라가 죄인들의 중보자로 오시는 구주 예수 그리스도를 통하여 세워지고 완성될 것임을 계시해 주신 것입니다.

결국 구약성경의 중심은 하나님의 영원한 경륜을 따라 거룩하고 영원한 하나님 나라를 회복하고 완성하시려고 오시는 온 인류의 메시아 곧 구주 예수 그리스도이십니다.

한편 성경에서 하나님 나라는 예수 그리스도 안에서 이루시는 '하나님의 주권적인 통치' 자체를 의미하며 하나님의 뜻이 실현되고 성취된 상태를 말합니다. 또한 국가의 구성요소가 영토, 국민, 주권이듯이 하나님 나라도 왕이신 하나님의 주권과 하나님의 백성 그리고 하나님이 통치하시는 땅으로 이루어집니다.

첫째, 하나님의 절대 주권입니다. 이는 여호와 하나님만이 하나님의 나라의 유일한 왕이요 통치자라는 것입니다. 그래서 하나님의 왕권은 일반적인 영토와 백성의 의미를 넘어서는 것으로 그의 전지전능하시고 무소부재하시며 영원한 통치를 가리킵니다.

둘째, 하나님 나라의 백성입니다. 하나님께서 세우신 선민 이스라엘은 하나님과 언약을 맺은 민족이며 이 세상에서 구별되어 하나님께 소유된 거룩한 백성입니다. 그런즉 하나님의 백성은 하나님만을 경외하고 그의 말씀에 전심으로 순종하여야 하며 이 세상의 삶 속에서도 그의 뜻을 따라서 거룩한 행실과 선한 삶을 통하여 오직 하나님께 영광을 돌려야만 하는 것입니다.

셋째, 하나님의 통치가 실현되는 땅입니다. 이 땅은 하나님께서 그 백성과 친히 함께 하시고 또한 하나님의 거룩하신 뜻이 온전히 성취되는 곳을 말합니다. 그 대표적인 것이 이스라엘에게 약속하신 '젖과 꿀이 흐르는 가나안 땅'입니다.

여기서 하나님의 약속의 땅 가나안은 단지 육신적이고 세속적인 축복을 말하는 것이 아니라, 주 예수 그리스도 안에서 여호와 하나님께 참된 경배와 감사와 찬송으로 영광을 돌리게 될 영원한 하나님 나라 곧 하나님이 영원히 다스리시는 천국의 예표입니다.

결론적으로 구약성경에서는 하나님 나라의 형태가 창조된 세계 안에서 시상적인 왕국의 모습으로 드러났지만, 그 본질은 영석이고 영원한 천국을 지향하고 있었습니다. 또한 하나님의 영원한 나라는 이스라엘의 역사 가운데 신정왕국의 통치와 거룩한 성전으로 계시되었으며 신약시대에 이르러 예수 그리스도의 강림으로 이 땅에 세워졌습니다.

지금도 하나님 나라는 하나님의 영원한 경륜을 따라 성령의 권능 가운데 복음전파에 의해 지속적으로 확장되어 가고 있으며, 모든 성도와 주님의 교회는 장차 예수 그리스도의 영광스런 재림과 함께 완성될 영원한 하나님 나라를 지향하며 살아가고 있습니다.

창세기의 신학사상

창세기의 주제는 만유의 주시며 만왕의 왕이신 삼위일체 여호와 하나님이십니다. 그래서 서두에서부터 "태초에 하나님이 천지를 창조하시니라(בְּרֵאשִׁית בָּרָא אֱלֹהִים אֵת הַשָּׁמַיִם וְאֵת הָאָרֶץ, 창 1:1)"고 선언하심으로 시작하고 있습니다. 이 말씀은 하나님이 친히 피조세계와 사람을 향하여 '내가 너희의 창조주 여호와'라고 선포하고 계시는 것입니다.

이 선언은 전능하신 하나님께서 하나님을 떠난 모든 죄인들을 향하여 '만물과 생명의 창조주이신 하나님께로 돌아오라'는 메시지며 또한 자기 백성을 향하여 '너희 창조주 여호와를 참되고 바르게 알라'는 권면의 말씀입니다.

창세기의 핵심 사상은 모든 만물과 사람을 창조하신 여호와 하나님과 그의 영원한 구속경륜입니다. 이는 생명의 근원이요 창조주가 누구신가를 알게 하시고 만유의 주요 만왕의 왕이신 하나님이 만물을 창조하신 이유를 밝히 알려 주고 있습니다.

그리고 하나님의 구속언약 속에 담긴 참 사랑과 놀라운 은혜를 소개함으로써 사람의 참된 본분을 알게 합니다. 그것은 사람이 마땅히 알아야 할 것은 무엇이며 마땅히 행해야 할 것은 무엇인가라는 것입니다. 이는 사람의 올바른 정체성과 인생의 목적에 대한 진리로 사람으로 하여금 자신의 소중한 가치를 깨닫게 해 줍니다.

아울러 하나님이 사람에게 참되고 영원한 복의 근원이시며(창 1:28), 그 복이 바로 여자의 후손으로 오시는 메시아 예수 그리스도를 통해 주어질 것을 알려 주셨습니다(창 3:15). 또한 사람 앞에 선과 악, 생명과 사망, 영생의 영벌의 길이 있음을 보여 주며, 하나님은 악한 뱀의 후손과 택하신 여자의 후손의 상이한 두 역사 가운데 심판과 구원을 행하시는 자비롭고 공의로우신 분이심을 계시해 주셨습니다.

결국 창세기는 이 세상 가운데 하나님을 모르고 살아가는 인생들에게 '내가 너희의 창조주 여호와라'고 말씀하시며 '지금 여호와께로 돌아오라'고 촉구하시는 사랑과 은혜의 말씀입니다. 그것은 죄인들에게 하나님께서 보내신 구세주 예수 그리스도를 믿음으로 구원과 영생을 얻게 하고 또한 자비롭고 은혜로우신 여호와 하나님과 그의 크고도 놀라운 경륜을 알게 하시려는 것입니다.

생명의 창조주요 구원자이신 여호와 하나님은 모든 성도의 '방패요 지극히 큰 상급'이십니다(창 15:1). 예수 그리스도께서는 우리를 향하여 '나는 생명의 떡이요(요 6:35)' 또한 '내 살은 참된 양식이요 내 피는 참된 음료로다(요 6:55)'라고 말씀하셨습니다.

창세기의 일반 구조

1. 하나님의 창조(1-2장): 천지창조/1장, 사람 창조/2장

2. 최초의 역사(3-11장): 아담의 타락/3장, 죄의 실상/4장, 셋의 역사/5장, 노아와 홍수심판/6-9장, 바벨탑 심판/10-11장

3. 족장시대 역사(12-50장): 아브라함/12-25장, 이삭/25-26장, 야곱/27-36장, 요셉/37-50장

창세기의 핵심 구조는 10가지 '계보(תוֹלְדוֹת, generations, 창 2:4)'에 대한 것입니다. 이 '계보'란 단어는 '역사', '세대', '족보' 등의 의미를 갖고 있는데 하나님의 주권적인 역사를 잘 보여 줍니다.

1. 엘로힘 1:1-2:4, 여호와 하나님 2:4-4:26

2. 아담의 계보 5:1-6:8

3. 노아의 계보 6:9-9:29

4. 노아의 자손 10:1-11:9

5. 셈의 계보 11:10-26

6. 데라의 계보 11:27-25:11

7. 이스마엘 계보 25:12-18

8. 이삭의 계보 25:19-35:29

9. 에서의 계보 36:1-37:1

10. 야곱의 계보 37:2-50:26

첫 번째 계보에는 중요한 의미가 담겨져 있습니다. 먼저 첫 번째 창조의 계보가 1장 서두가 아니라 2장 초반부에 붙어 있습니

다. 이것은 하나님께서 천지창조를 완료하시고(1:1-2:4), "천지와 만물이 다 이루어지니라(2:1)"라고 사역의 종결을 선포하시는 것과 "모든 일을 그치고 일곱째 날에 안식하시니라(2:2)"와 함께 연계해서 나옵니다.

창세기의 기록 목적이 바로 생명의 근원이신 하나님께서 온 천지만물의 유일한 창조주이시요, 주관자이심을 명확히 드러내기 위함임을 명확히 드러내고 있습니다.

그래서 창세기는 서두에 하나님의 천지창조의 사역을 기록한 후, 그것을 완결하는 시점에서 '계보(תוֹלְדוֹת, generations)'를 사용하고 있는 것입니다(2:4). 특히 2장 4절의 전반부와 후반부는 '이것이 천지가 창조될 때의 내력이다'라고 선언한 후, 곧바로 '여호와 하나님이 천지를 만드시던 날에'라고 소개하고 있습니다.

창세기 1-2장에서는 '엘로힘(אֱלֹהִים, 창 1:1)'이란 하나님의 일반적인 이름이 주체로 사용되었으나(1:1-2:3), 이제부터는 '여호와(יהוה, 창 2:4)'라는 하나님의 거룩한 성호를 사용함으로써 모든 계시와 사역의 주체가 바로 '여호와 하나님'이심을 밝히고 있습니다.

이것은 역사의 시작에서부터 천지만물의 창조주이신 하나님(엘로힘)이 바로 그의 백성 이스라엘과 언약을 맺으시고 구원의 역사를 신실하게 이루어 나가시며 완성하시는 '여호와 하나님(יהוה)'이심을 분명히 고백하고 있는 것입니다.

삼위일체 여호와 하나님은 모든 생명의 창조주요, 섭리주이시며 완성자이십니다. 또한 그가 영원부터 계신 하나님의 말씀이시요(요 1:1), 모든 만물의 시작과 끝이시며 역사의 처음이요 나중이신 주 예수 그리스도이십니다(계 1:8, 22:13).

	구약성경해석법(창세기)		
	교리 구조	하나님의 경륜(창 1-50장)	주요 내용
창세기 1-50장	삼위일체론	1-2. 창조와 섭리	하나님의 선한 창조 사람(하나님의 형상)
	인죄론	3. 사람의 범죄와 타락	전적 타락 하나님의 저주 사망과 심판
	기독론	3. 하나님의 은혜언약	구속의 언약 메시아의 구속
	구원론 교회론 종말론	1-11. 세계사, 인류역사	복음과 하나님 나라 구속경륜과 구속사
		12-50. 이스라엘 민족사 (족장사)	
구약성경과 역사	1. 언약사	계시의 방식	하나님의 언약
	2. 구속사	계시의 내용	메시아 예언
	3. 신국사	계시의 목표	하나님 나라
구약성경 해석법	1. 율법서	언약과 구속의 계시	율법과 제사장
	2. 역사서	상징과 구속의 역사	왕국과 왕
	3. 시가서	성도의 신앙과 생활	복음과 진리
	4. 선지서	예언과 구속의 성취	말씀과 선지자

2. 십계명과 삶의 규범

예수께서 이르시되 네 마음을 다하고 목숨을 다하고 뜻을 다하여 주 너의 하나님을 사랑하라 하셨으니 이것이 크고 첫째 되는 계명이요 둘째도 그와 같으니 네 이웃을 네 자신 같이 사랑하라 하셨으니, 이 두 계명이 온 율법과 선지자의 강령이니라(마 22:37-40).

주 여호와 하나님께서는 사람의 참된 행복을 위해 율법을 주셨습니다. 그것은 범죄한 인류가 자기의 죄를 깨닫고 오직 하나님의 은혜를 구하게 하시기 위함이요, 궁극적으로는 예수 그리스도의 복음을 힘입어 하나님의 구속의 은총을 받아 누리게 하기 위함이었습니다.

성경의 모든 율법은 하나님의 구속경륜 가운데 바르게 이해되어야 하며 그리스도께서 세우신 하나님 나라와 관련하여 해석해야 합니다. 특히 하나님께서 온 인류의 도덕규범이자 모든 성도의 신앙과 삶의 참된 표준으로 주신 것이 '십계명'입니다(출 20:1-17).

십계명은 하나님의 영원한 경륜을 이루러 오신 예수 그리스도 안에서 바르게 해석되어야 하며 하나님께서 주님 안에서 베푸시고 완성하신 최고의 법인 '사랑의 계명(마 22:37-40; 요 13:34-35; 롬 13:8-10)' 안에서 새롭고 완전하게 알 수 있습니다.

제1계명에서는 참된 예배의 대상을 가르쳐 줍니다. 우리가 참되고 유일하신 여호와 하나님만을 경배할 것을 요구하며 이를 위해서는 모든 성도가 심위일체 여호와 하나님을 참되고 바르게 알아야 할 것을 말씀하고 있습니다. 예수님께서는 영생이란 '유일하신 하나님과 그의 보내신 자 곧 예수 그리스도를 아는 것(요 17:3)'이라고 말씀하셨습니다. 그런즉 삼위일체 하나님에 대한 올바른 지식에서 성도의 참된 신앙과 참된 예배가 시작되는 것입니다.

제2계명에서는 참된 예배의 방법을 가르쳐 줍니다. 우리가 하나님을 임의로 형상화하거나 우상숭배를 하지 말라는 것이며 하나님에게만 사람들의 상상이나 고안 또는 사탄의 지시에 따라 어떤 보이는 형상을 사용하거나 성경에 규정되지 않는 다른 방법으로 예배하지 말라는 것입니다. 모든 성도는 성령 안에서 하나님을 참되고 바르게 아는 진리 가운데 오직 하나님께만 경배를 드려야 할 것입니다. 하나님은 생명의 창조주요 또한 죄인을 예수 그리스도 안에서 구원하셔서 영원한 생명을 베푸시는 구원의 하나님이십니다.

제3계명에서는 참된 예배의 목적을 가르쳐 줍니다. 성도가 범사에 거룩한 하나님의 이름을 영화롭게 하여야 할 것을 말합니다. 그것은 곧 사람이 자신의 악한 탐욕이나 세상적인 야망을 이루기 위해 하나님의 이름이나 영적 직분을 망령되게 사용하지 말아야 한다는 것입니다. 모든 성도는 오직 진리 안에서 온전한 믿음과 선하고 의로운 행실로 하나님의 이름을 높이며 또한 각자의 신앙과 삶의 모든 행사와 목적이 온전히 하나님의 영광을 위한 삶이 되어야 할 것입니다.

제4계명에서는 참된 예배의 본질을 가르쳐 줍니다. 성도들의 참된 안식과 위로가 오직 하나님 안에 있다는 것이며 주일을 거룩히 지키라는 것입니다. 이 말씀은 하나님만이 우리 생명의 창조주요, 구원자이시며 예수 그리스도만이 우리에게 구원과 영생을 주시고, 참된 평안과 안식을 누리게 하시는 분이기 때문입니다. 주일에 성도는 천국에서 누릴 영원한 안식을 소망하는 가운데 예수 그리스도의 은혜와 하나님의 사랑에 감사하며 날마다 하나님의 말씀에 순복하는 온전한 믿음과 삶으로 하나님께 경배를 올려야 합니다.

제5계명에서는 성도가 만유의 주되신 하나님의 주권 아래서 그가 세우신 모든 권세에 순복할 것을 말씀합니다. 그것은 하나님께서 세우신 권위자들을 통해 우리에게 복을 주시기 때문입니다. 이 말씀은 세상의 모든 권위는 하나님께로부터 주어지며 하나님께 대한 순종은 부모에 대한 공경으로부터 시작된다는 것입니다. 아울러 주 안에서 부모는 하나님께 받은 은혜와 신앙의 고귀한 유산들을 자녀들에게 잘 물려줄 책임이 있습니다.

제6계명에서는 성도가 생명의 근원이요, 창조주이신 여호와 하나님을 경외함으로 하나님의 거룩한 형상으로 창조된 모든 사람의 생명을 존중하고 사랑하라고 말씀합니다. 이 말씀은 우리가 자신과 타인의 생명을 사랑하며 보호해야 할 것과 함께 자살이나 타인의 생명을 해하는 일을 엄히 금하고 계신다는 것입니다. 성경은 마음에 다른 사람을 미워하고 욕하는 것도 살인의 죄에 해당된다고 말씀합니다(마 5:21-22). 도리어 우리는 다른 사람을 사랑하고 돕는 선한 자가 되어야 할 것입니다. 모든 성도는 주님의 사랑을 가지고 이 세상에서 살아가는 모든 죄인들에게 천국복음을 전파함으로 저들을 죄와 사망에서 구원하는 일에 적극 힘써야 할 것입니다.

제7계명에서는 남녀관계와 혼인생활에 있어서 거룩함을 지키라고 말씀합니다. 이 말씀은 하나님 앞에서 정상적인 혼인관계 밖에서의 모든 성적인 행위를 금지하는 것입니다. 성경은 사람이 음욕을 품는 것만으로도 이미 간음했다고 말합니다(마 5:27-28). 성도는 마음에서부터 거룩함을 지키며 살아가야 할 것입니다. 성경은 하나님이 친히 세우시고 복 주신 최초의 기관이 가정임을 알려줍니다. 성도는 하나님 앞에서 오직 하나님의 정하신 질서를 따라 남녀가 결혼하여 한 몸 된 공동체로서 가정을 세워 나가야 합니다. 그래서 성도는 주 안에서 믿음의 가정을 이루어야 하며 또한 부부가 한 마음으로 하나님의 말씀을 따라 그의 선하신 뜻을 준행함으로 하나님을 영화롭게 해야 할 것입니다.

제8계명에서는 모든 성도는 하나님께서 허락하신 위치에서 각자가 성실하고 정직한 노동의 대가로 생활할 것을 가르칩니다. 또한 이 말씀은 이웃들의 재물이나 소유를 도적질하지 말아야 할 것을 명하고 있습니다. 성도는 오직 하나님의 은총 가운데 자신의 삶에 감사하고 만족하는 믿음으로 살아가야 합니다. 아울러 하나님이 주신 복을 이웃을 구제하는 일과 복음을 전파하여 생명을 구원하는 일을 위해 적극 선용함으로써 하나님의 선하신 뜻을 이루도록 힘써야 할 것입니다.

제9계명에서는 성도가 정직하고 깨끗한 양심을 가지고 진리를 높이며 하나님 앞과 공중 앞에서 참된 증언을 해야 함을 말씀합니다. 또한 성도가 자신의 악한 본성과 헛된 욕망을 따라서 다른 사람을 모함하거나 거짓 증언을 통해서 그를 해하지 말라는 것입니다. 모든 성도는 다른 사람의 유익을 구하며 사회 안에서 정직하고 바르게 행하여야 할 것입니다. 아울러 이웃들에게 정직한 언행과 삶을 살아야 한다는 것과 동시에 복음과 참 진리의 말씀을 전파하고 가르쳐야 합니다.

제10계명에서는 신자들이 하나님의 은총 안에서 그의 뜻을 따라서 항상 기뻐하고 범사에 감사하며 살아야 함(살전 5:16-18)과 주께서 주신 모든 것에 대하여 자족하며 살아야 할 것을 말씀합니다. 아울러 신자들이 이 세상 탐심의 우상숭배에 사로잡혀 이웃의 것을 탐하는 악하고 불의한 일을 범하지 말아야 함을 교훈합니다. 모든 성도는 하나님을 참된 만족으로 삼고 지금 베풀어 주신 것에 감사하며 검소하고 절제하는 생활과 섬김의 삶으로 하나님께 영광을 돌려야 할 것입니다.

성경은 성도의 신앙과 삶의 유일한 규범입니다. 하나님께서는 우리가 오직 성경을 따라서 성도의 본분과 사명을 다하며 살아갈 것을 요청하고 있습니다. 모든 성도는 생명의 창조주요, 구원자이신 하나님께 합당한 경배와 삶으로 합당한 영광을 돌려야 할 것입니다.

3. 창세기의 해석원리(1-50장)

삼위일체 하나님의 영원한 구속경륜에 따라 창세기 50장의 전체 내용을 주제별로 구분해 살펴볼 수 있습니다.

① 구속경륜의 기원–창조주 하나님(1-2장)
② 구속경륜의 실체–예수 그리스도(3장)

③ 구속경륜의 대상—구원의 하나님(4-11장)

④ 구속경륜의 실행—섭리의 하나님(12-16장)

⑤ 구속경륜의 목적—영광의 하나님(47-50장)

창세기는 신본주의적인 성경해석법에 따라서 '5구조-2차원-3단계'의 원리에 의해서 다음과 같이 살펴볼 수 있습니다. 그것은 하나님의 3단계적 섭리와 2차원적 사역으로 구분됩니다.

5구조-3단계(2차원)

① 주체, 창조주 하나님(1-2장), 하나님의 경륜

② 1단계, 구속주 하나님(3장), 예수 그리스도

③ 2단계, 경륜의 하나님(4-11장), 택자와 유기자

④ 3단계, 구원의 하나님(12-46장), 구원과 심판

⑤ 목적, 영광의 하나님(47-50장), 하나님 나라

5구조-2차원(3단계)

① 삼위일체 하나님, 2경륜(1-2장)—창조주, 선과 악, 생명과 사망

② 복음, 2인생(3장)—구속주, 영생과 영벌

③ 교회, 2사람(4-11장)—여자의 후손과 뱀의 후손

④ 신국, 2역사(12-46장)—구속사와 세속사

⑤ 하나님의 영광, 2세계(47-50장)—천국과 지옥

창세기 해석과 신학전통

현대복음주의는 성경을 계시의 주체이신 하나님의 관점에서

바라보지 못하고 사람의 시각에서 이해하고 있습니다. 그래서 역사적 상황과 해석자에 따라 성경에 대한 다양한 해석이 존재함으로 '신학은 상황화의 산물이다'라고 주장합니다. 이러한 사상은 정통교리는 존재할 수 없고 다만 성경의 다양한 해석과 다양한 신학을 모두 수용해야 한다는 실용주의적이고 다원주의적인 '조화신학(symphonic theology)'의 모습으로 전개되고 있습니다.

그리고 저들은 하나님에 대한 참된 지식을 추구하는 것이 아니라 단지 예수 그리스도가 사람을 위해 이루신 구속의 사건과 복만을 강조합니다. 그 결과 계시의 주체이신 하나님에 대한 이해나 참 진리의 지식을 얻지 못하고 도리어 세속주의적인 많은 신학사상들을 낳았으며 수많은 이단이 생겨나는 토양을 만들고 말았습니다.

아울러 복음주의자들은 성경에서 계시된 대로 하나님께서 그의 영원한 구속경륜을 따라서 이루시는 참된 구원의 도리에 대해 바른 이해를 갖고 있지 못합니다. 그래서 모든 성도가 하나님의 주권적인 은혜로 말미암아 동일한 믿음의 원리로 구원을 얻게 되는 올바른 가르침을 버리고 신인협력적인 구원관을 주장하고 있습니다.

저들은 창세기의 언약에 대해서도 인본주의적이고 조건적인 이해를 갖고 있습니다. 즉 아담이 처음부터 영생을 전제로 하여 하나님의 율법 아래 있었으며 자신의 자유의지로 '행위언약(선악과)'에 대한 순종여부에 따라 자신의 영원한 운명을 결정할 수 있었냐고 말합니다.

결국 사람은 자신의 의로 구원을 이루어야 하고 심지어 신자라도 자신의 구원을 완성하기 위해 노력해야 하며 만일 자신의 행위가 온전함에 이르지 못하면 하나님의 은혜에서 떨어진다는 것입니다. 하지만 이 언약은 영생의 조건으로 주어진 것이 아니라 창조의 은총 안에서 하나님의 말씀을 따라서 그를 경외하고 온전히 순종하는 것이 바로 선한 일이요, 사람의 마땅한 본분임을 알려 주신 것입니다.

한편 복음주의 신학자들은 성경비평을 통하여 성경의 무오성과 창세기의 모세 저작설을 부정합니다. 또한 창세기 1장과 관련하여 소위 '간격이론(gap theory, 창 1:1-2)'을 가지고 '두 창조설'을 주장하면서, 온 세상이 처음부터 악하게 창조되었다고 말합니다.

최근에는 역사의 기원과 관련하여 자연과학적 진화론과 '빅뱅이론(big bang theory)'에 근거하여 '오래된 지구론'을 주장하고 있으며 일부 기독이단은 선악과를 사탄과의 성적인 행위로 보아 죄에 빠진 인간들을 구원하기 위해 '교주'가 말세의 메시아로 왔다는 거짓 교리로 많은 사람들을 미혹하여 멸망으로 이끌어 가고 있습니다.

개혁주의는 여호와 하나님이 창조주이시며 또한 구속주이심을 명확히 선포합니다. 즉 여호와 하나님이 그의 거룩한 형상을 따라 사람을 선하게 창조하신 창조주이시며 또한 인류가 범죄하여 타락한 후에 메시야를 보내사 영원부터 택한 자들을 저희의 죄와 사망에서 구원하시는 구원자이시라는 것입니다.

창세기 전체를 통하여 하나님의 영원한 경륜은 완전한 하나의 교리로 명확하고 풍부하게 계시되고 있습니다. 창세기는 처음부터 여호와 하나님이 삼위일체로 존재하신다는 사실과 함께 그 하나님께서 피조물인 사람에게 하나님의 경륜을 밝히 계시하고 있습니다.

먼저 천지만물의 창조주이시고 주권자이신 여호와 하나님께서 사람에게 영생을 예비하셨다는 사실과 그들 앞에 선과 악, 생명과 사망, 영생과 영벌의 길을 두셨음을 알리셨습니다.

다음으로 하나님께서는 사람과 언약을 맺으시고 하나님의 영원한 경륜 가운데 구속의 중보자로 선택하신 메시아 곧 예수 그리스도를 여자의 후손으로 보내사 죄인들을 구원하실 것을 약속해 주셨습니다. 또한 거룩하고 공의로우신 하나님께서는 범죄한 죄인들을 정죄하시고 그들의 악행을 따라 심판하시며 저주하시는 분이심도 알려 주셨습니다.

전능하신 하나님께서는 그의 영원한 경륜을 따라 창세전부터 영생을 주시려고 자기 백성을 미리 선택하셨으며 또한 구원의 은혜를 베풀지 않고 죄악 가운데 버려둘 자들을 미리 정하셨음을 계시해 주셨습니다.

그래서 창세기는 인류가 타락한 이후 하나님의 백성인 여자의 후손들과 마귀의 자녀인 뱀의 후손들의 대결이 이어지고, 전능하신 하나님께서는 역사 가운데 각각의 후손들에 대한 구원과 심판의 역사를 행하심을 보여 주고 있습니다. 또한 하나님의 택하신 백성에게는 저들을 죄와 사망에서 구원하시고 인도하시며 보호하시는 자비로우신 하나님으로 등장하시며 또한 악인들을 향해서는 역사 속에서 그들을 정죄하시고 심판하시며 저주하시는 공의의 하나님으로 나타내셨습니다.

아울러 구약성경은 창세기로부터 시작하여 하나님의 영원한 경륜과 주권적이고 은혜로우신 구속의 섭리를 보여 주고 있습니다. 하나님께서는 그의 영원한 경륜 가운데 은혜로우신 구속언약을 맺으시고 구주 예수 그리스도의 복음으로 택한 자들을 구원하사 하나님의 백성으로 삼으시는 것입니다.

    삼위일체 여호와 하나님께서는 그의 영원한 경륜을 따라서 창세전에 택한 자기 백성을 저들의 죄와 사망에서 구원하여 거룩하고 영원한 하나님 나라를 완성하시고 마침내 저들로 하여금 천국에서 그의 자비롭고 은혜로우신 구원을 인하여 하나님께 영원토록 감사와 찬송으로 영광을 돌리게 하십니다.

창세기 개요: 하나님을 아는 참된 지식(1-50장)

A. 창조주 하나님
1-1 창조주 하나님 1(1 GOD)-주권과 영광(지혜와 권능)
2-2 창조주 하나님 2(2 PLANS)-선하시고 지혜로우신 영원한 경륜

B. 구속주 하나님
3-3 구속주 하나님-예수 그리스도
4-4 경륜의 주 하나님 1-사람(2 MEN)
4-5 경륜의 주 하나님 2-계보(2 WAYS)
6-8 경륜의 주 하나님 3-사역(2 WORKS)
9-10 은혜의 주 하나님 1
11-11 은혜의 주 하나님 2

C. 구원의 주 하나님
12-12 구원의 주 하나님-역사(HISTORY)
12-14 보호의 주 하나님
15-15 언약의 주 하나님 1-신앙(FAITH)
16-17 언약의 주 하나님 2
18-20 언약의 주 하나님 3
21-21 신실하신 주 하나님 1
22-23 신실하신 주 하나님 2
24-24 신실하신 주 하나님 3
25-27 예정의 주 하나님-인생(LIFE)
28-31 믿음의 주 하나님
32-33 화평의 주 하나님
34-36 거룩의 주 하나님
37-38 섭리의 주 하나님-사명(MISSION)
39-41 세상의 주 하나님
42-46 승리의 주 하나님

D. 영광의 주 하나님
47-49 역사의 주 하나님
50-50 영광의 주 하나님-천국(2 GOALS)

제3장
경륜과 요한계시록

1. 신약성경과 요한계시록

예수 그리스도의 계시라 이는 하나님이 그에게 주사 반드시 속히 일어날 일들을 그 종들에게 보이시려고 그의 천사를 그 종 요한에게 보내어 알게 하신 것이라 (계 1:1).

신약성경과 하나님 나라

성경의 주제는 삼위일체 하나님의 영원한 경륜 곧 사람을 향한 특별한 사랑의 실체이신 예수 그리스도이십니다. 신약성경의 중심 내용도 바로 메시아의 도래와 구속사역, 성령과 복음의 전파, 교회와 진리, 교회사의 시작과 하나님 나라의 완성 등으로 이루어져 있습니다.

신약성경을 '복음' 중심으로 살펴보면, 복음서는 메시아의 구속사역과 복음에 대하여, 역사서는 그리스도의 복음과 교회사에 대하여, 서신서는 복음과 하나님 나라의 역사에 대하여, 계시록은 복음의 주인이신 메시아의 재림과 천국의 도래에 대해서 계시하고 있습니다.

그리고 복음서에서는 하나님의 영원한 경륜을 따라 예수 그리스도가 오심으로 하나님 나라가 세워졌다는 사실을 알려 줍니다(마 4:17, 12:28). 하지만 이 나라는 지상의 현세적인 나라가 아니라 영적이고 영원한 나라의 성격을 갖고 있었습니다. 주님은 정치적 메시아가 아니었으며 그의 나라는 결코 세상왕국이 아니었습니다. 그래서 "내 나라는 이 세상에 속한 것이 아니니라(요 18:36)"고 말씀하셨고 또한 "하나님의 나라는 볼 수 있게 임하는 것이 아니요 또 여기 있다 저기 있다고도 못하리니 하나님의 나라는 너희 안에 있느니라(눅 17:20-21)"고 말씀하셨습니다.

주 예수 그리스도께서 세우신 하나님 나라는 현재성과 미래성을 가지고 있었습니다. 먼저 그 나라는 그리스도의 성육신과 사역을 통하여 세상 안에 '이미' 들어왔고 또한 성령의 능력 가운데 역사 속에서 강권적이고 지속적으로 확장되고 완성되어 가고 있습니다. 그 나라는 '아직' 완성되지 않은 나라로서 장차 그리스도의 재림과 함께 도래할 영광스런 미래의 나라이기도 합니다.

요한계시록(ἀποκάλυψις, revelation, 계 1:1)에서는, '새 하늘과 새 땅'의 도래와 관련해 '처음 하늘과 처음 땅이 없어졌다(계 21:1)'라고 말씀합니다. 이는 천지창조(창 1:1)의 사역이 새 하늘과 새 땅으로 완성될 것임을 선언하는 것입니다(벧후 3:10-13; 마 19:28; 사 65:17, 66:22). 즉 처음부터 이 세상의 창조사역은 새 하늘과 새 땅으로 완성될 하나님 나라의 건설을 목표로 진행되고 있음을 보여 줍니다.

모든 성도는 예수 그리스도 안에서 구속 곧 죄 사함을 받아 이미 하나님의 다스림을 받는 하나님의 거룩한 백성이 되었습니다. 그러므로 이 땅에서 성도들은 일생동안 하나님의 은총을 받는 존귀한 자들로 살아가면서 또한 '아직' 완성되지 않은 그러나 장차 도래할 영원한 하나님의 나라를 소망하며 살아가는 하나님의 후사인 것입니다.

보혜사 성령께서는 성도들을 그리스도와 연합된 한몸으로서 교회로 세워 주셨습니다. 주님의 교회는 바로 하나님의 영원한 선택을 따라 구원받은 택자들의 공동체입니다. 또한 주님의 교회는 이미 그리스도와 함께 승리한 교회인 동시에 마귀와 싸우는 전투하는 교회로 서 있습니다.

주님의 교회는 온 세상에 천국복음을 전파하여 하나님 나라를 확장해 나가는 하나님의 심부름꾼이요, 하나님의 거룩하고 영광스러운 도구입니다. 종말로 모든 성도는 예수 그리스도의 완전하고 영원한 승리를 확신하는 가운데 이 세상의 모든 악한 자들의 핍박과 거짓 선지자들의 미혹을 대항하고 주님의 영광스런 재림과 그 나라가 도래하기까지 주의 진리로 믿음을 굳게 세우고 인내로 복음의 제사장으로서의 사명에 충성해야 할 것입니다.

우리 주 예수 그리스도는 우리에게 승리의 면류관과 영광스런 나라를 약속해 주셨습니다. "보라 하나님의 장막이 사람들과 함께 있으매 하나님이 그들과 함께 계시리니 그들은 하나님의 백성이 되고 하나님은 친히 저희와 함께 계시리라(계 21.3)."

요한계시록의 신학사상

요한계시록의 주제는 삼위일체 하나님이십니다. 창조주요, 구원자이신 하나님께서 그의 영원한 경륜을 따라서 종말의 역사 가운데 완성해 가시는 하나님 나라와 장차 도래할 영광스런 천국을 계시하고 있습니다.

한편 요한계시록은 성경 66권의 마지막 계시로 기록연대는 주후 93-97년경입니다. 이때는 사도시대가 끝나가는 시점으로 사도 요한이 기록한 하나님의 말씀입니다.

본서는 "예수 그리스도의 계시라(Ἀποκάλυψις Ἰησοῦ Χριστοῦ, 계 1:1)"고 선포하며 시작하고 있습니다. 이 말씀은 요한계시록의 중심 주제가 예수 그리스도라는 것입니다. 곧 예수 그리스도가 이루신 승리의 복음과 천국의 영광 그리고 복음으로 이루시는 영원한 하나님 나라의 완성에 대해 밝히 계시하고 있습니다.

사도 요한은 예수 그리스도께서 장차 일어날 일을 그의 종들에게 알리려고 자신에게 계시하셨고, 자신이 받은 '예수 그리스도의 계시' 곧 하나님께서 예수 그리스도를 통해서 속히 하실 일들을 기록하여 교회들에게 증거하고 있음을 기록하고 있습니다(계 1:1).

구약성경의 창세기는 태초에 하나님께서 천지를 창조하신 일과 이로 인해서 시작되어 있게 된 일들을 기록하고 있습니다. 창세기 1장에서는 '태초'에 역사와 만물의 시작이 있었음을 알려 주고 있으며(창 1:1) 창세기 2장에서는 "천지와 만물이 다 이루니라(창 2:4)"고 선언하시며 천지와 만물의 처음 시점을 말해 주고 있습니다.

그리고 요한복음은 '태초'의 의미가 천지창조를 강조하는 데에 있는 것이 아니라 바로 만물을 창조하신 '하나님'과 연계되어 있음을 계시해 주고 있습니다. 특히 만물과 역사가 말씀이신 하나님 곧 성자이신 예수 그리스도에게서 창조되어 시작되었다는 것을 알려 줍니다.

주 예수 그리스도가 만물의 근원이시요, 생명의 창조주이심을 계시하고 있는 것입니다. 곧 영원한 하나님이시며 말씀이신 예수 그리스도가 천지만물을 창조하신 창조주이심을 말씀하시며, 동시에 주님이 구속의 중보자로서 새 창조의 주인공이심을 알려 줍니다. 그러므로 창세기에서는 말씀이신 그리스도로 말미암아 만물이 창조되었고 복음서에서는 그리스도 안에서 영적인 새 창조가 시작되었음을 알리신 것입니다.

이제 요한계시록에서는 이 일의 최종적인 완성의 단계로 역사의 처음에 있었던 창조의 사역과 주님이 오심으로 시작된 새 창조의 구원의 역사가 연속성을 가지고 마침내 종말의 시기에 하나님 나라의 완성으로 실현될 것임을 알려 주고 있습니다. 그것이 바로 예수 그리스도께서 계시록에서 말씀하신 '마지막에 있을 일의 계시'입니다.

요한계시록은 복음의 정수요, 복음의 역사이며 복음의 승리를 기록하고 있는 진리의 보고입니다. 이 복된 진리는 교회사 속에서 성령과 복음으로 그의 나라를 확장해 가시며 마침내 주께서 재림하셔서 최후 심판을 행하시고 모든 성도를 하나님의 천국에 들이심으로 하나님의 영원한 구속경륜을 완성하신다는 참으로 복되고 영원한 믿음입니다.

그래서 요한계시록의 마지막 장은 "아멘 주 예수여 오시옵소서!"(계 22:20)라고 고백하면서 모든 성도가 예수 그리스도의 재림을 열망하는 가운데 오직 말씀을 지키고 천국의 소망 가운데 환난을 이기고 승리하는 삶을 살아가도록 교훈하고 있습니다(살전 1:10; 살후 1:7).

결국 요한계시록은 창세기를 비롯한 전체 구약성경과 전체 신약성경에 연결된 하나님의 거룩한 말씀으로서 주 예수 그리스도께서 다시 오실 때까지 피조세계에 감추어져 왔던 모든 진리와 하나님께서 그리스도를 통해서 이루실 하나님의 영광을 명확히 보여 주고 있습니다.

나아가 요한계시록은 기독교의 종말론이 오직 성경에서 나왔으며 교회가 참되고 바르게 알아야 할 중요한 진리임을 알려 줍니다. 특히 종말론이 하나님의 영원한 경륜에서 나와서 그 경륜의 완성을 목표로 하고 있다는 것이며 오직 기독론 안에 있다는 사실을 가르쳐 줍니다.

삼위일체 여호와 하나님께서 자기 백성을 구원하시기로 작정하신 영원한 경륜은 예수 그리스도의 구속을 통하여 이미 우리 안에서 성취되고 있으며 장차 예수 그리스도의 재림으로 완성되어질 것입니다.

성경의 종말론은 결코 세속적인 지상 천년왕국을 목표로 하지 않습니다. 도리어 만왕의 왕이신 주님의 재림과 함께 모든 악인들에 대한 최종적이고 완전한 심판 그리고 모든 성도가 천국에 들어가 하나님께 모든 감사와 찬송을 돌려드리게 하시는 그의 영원한 경륜의 성취에 대한 완전한 교리입니다.

주 예수 그리스도께서는 세상 끝 날에 다시 오셔서 이 세상과 모든 사람을 심판하실 것입니다. 그날에 주님은 성도들을 천국에 들이시고 모든 악인을 심판하사 영벌에 처하실 것입니다. 이제 우리는 승리하신 주님과 영광스런 하나님 나라를 바라보며 오직 주의 진리에 굳게 서서 하나님의 나라와 그의 영광을 위해 끝까지 충성해야 할 것입니다.

신약성경 해석법(요한계시록)

	교리 구조	하나님의 경륜 (계 1-22장)	주요 내용
요한계시록 1-22장	삼위일체론	1. 복음의 본질	주 여호와 하나님
	기독론	2-3. 복음과 교회	예수 그리스도
	성도론	4-5. 복음의 권세	복음과 성도의 영광
	구원론 교회론	6-20. 복음의 승리 3재앙(7인, 7나팔, 7대접)	성령과 교회사 복음과 하나님 나라 (성도 구원, 악의 심판)
	종말론	20-22. 하나님 영광	주님의 재림과 천국 (하나님 나라의 완성)
신약성경과 역사	1. 구속사	주제-영적 전쟁 세상 환난기	예수 그리스도의 구속 복음, 십자가와 부활 (죄와 사망권세를 이김)
	2. 교회사	본질-진리 전쟁 성도 시련기	성도와 교회 복음과 진리
	3. 신국사	목표-구원의 역사 성도 사명기	교회와 하나님 나라 복음의 증인
신약성경해석법	1. 복음서	복음과 언약의 성취	예수 그리스도
	2. 역사서	복음과 구속사	성령과 복음
	3. 서신서	성도의 신앙과 생활	교회와 진리
	4. 요한계시록	복음과 하나님 나라 완성	성령과 하나님 나라 기독교회사와 천국

2. 주기도문과 삶의 목적

> 그런즉 너희는 먼저 그의 나라와 그의 의를 구하라 그리하면 이 모든 것을 너희에게 더하시리라(마 6:33).

주 여호와 하나님께서는 그의 영원한 경륜 가운데 성도들에게 기도의 놀라운 특권과 거룩한 책무를 주셨습니다. 기도는 하나님께서 이 세상을 살아가는 연약한 성도들을 돕기 위한 은총의 선물이며 범사에 하나님께 기도함으로 신앙과 삶에 필요한 모든 지혜와 능력과 도움을 받아 누리게 하시는 성도의 특권입니다. 또한 기도는 성도로 하여금 하나님의 뜻을 따라 바르게 기도하고 순종함으로 오직 하나님께 영광을 돌리며 살아가게 하신 거룩한 직무이기도 합니다.

우리의 기도가 온전히 열납되도록 실행하기 위해서는 하나님 아버지께 성자 예수 그리스도의 이름으로(요 14:13-14; 벧전 2:5) 성령의 도우심을 받아(롬 8:26) 하나님의 뜻을 따라서(요일 5:14) 기도해야 합니다. 특히 하나님과 사람 사이에 유일한 중보자이신 예수 그리스도의 이름으로만 기도해야 합니다.

주님께서는 그의 말씀과 삶을 통하여 친히 제자들에게 기도의 참된 모본을 알보여 주셨으며, 특히 '주기도문'의 가르침을 통해 모든 성도가 추구해야 신앙의 참된 목적과 성도의 사명에 대해 명확히 가르쳐 주셨습니다(마 6:9-13).

먼서 주기도문은 성도가 하나님중심의 삶을 살아야 할 것을 알려 줍니다. 그것은 자신의 삶을 기도의 우선순위로 삼지 말고 오직 하나님의 뜻이 이 세상 속에 이루어지기를 소원하며 기도하라는 것입니다.

우리는 '주기도문'에 가르치신 내용과 같이 하나님의 이름이 거룩하게 높임을 받게 하고 하나님의 뜻이 이 땅에서 이루어지도록 하며 하나님 나라가 속히 회복되기를 소망하며 기도하는 왕 같은 제사장으로 세움을 받았습니다.

모든 성도는 기도할 때에 '하늘에 계신 우리 아버지(Πάτερ ἡμῶν ὁ ἐν τοῖς οὐρανοῖς)' 곧 전능하신 하나님 아버지께 오직 예수 그리스도의 이름으로 나아가야 합니다. 또한 기도하는 자는 반드시 하나님이 계신 것과 하나님께서는 자기를 찾는 자들에게 상 주시는 분이심을 믿고 간구해야 할 것입니다(히 11:6).

그리고 주기도문을 따라서 모든 삶과 모든 일 속에서 오직 하나님을 영화롭게 할 수 있도록 기도해야 할 것입니다. 첫째, 하나님의 이름이 거룩히 여김을 받는 것, 곧 신앙과 삶의 목적이 오직 하나님을 영화롭게 하도록 간구해야 합니다. 둘째, 하나님 나라가 이 땅에 온전히 임하기를 간구해야 합니다. 셋째, 하나님의 뜻이 속히 이루어지기를 간구해야 합니다. 넷째, 만복의 근원이신 하나님께 일용할 양식을 구해야 합니다. 다섯째, 하나님께 나아와 날마다 죄의 용서를 구해야 합니다. 여섯째, 마귀의 시험에 빠지지 않도록 도움을 간구해야 합니다.

주기도문은 오직 하나님으로 시작하여 하나님으로 끝나고 있습니다. 이는 우리의 기도가 무엇보다 하나님의 뜻이 이 세상 속에서 온전히 성취되도록 목표해야 한다는 것입니다.

그러므로 우리는 구원과 삶의 영원히 견고한 토대가 삼위일체 하나님의 다스리심과 그의 권세와 영광에 있음을 바르게 알아야 하며 그의 기쁘신 뜻이 삶 속에 이루어지도록 기도해야 합니다.

한편 주기도문은 우리에게 이 땅 위에 하나님 나라가 온전히 임하도록 기도하라고 말씀합니다. 주님의 교회는 하나님의 거룩한 뜻을 따라서 복음을 전파하며 모든 성도가 참된 교리와 경건한 신앙을 파수하며 살아가도록 기도하며 힘써야 할 것입니다.

모든 성도는 주님의 명령을 따라 복음을 전파하여 하나님 나라를 확장하는 선교의 부름을 받은 자들입니다(마 28:18-20; 막 16:15; 요 20:21; 행 1:8). 구원이 하나님께서 주권적인 은혜로 베푸시는 특별한 선물임을 알고 전도에 힘써야 합니다. 즉 복음은 온 세상의 모든 사람에게 차별 없이 전파되어야 하지만 오직 택함을 받은 자들만 구원을 받습니다.

진실로 우리는 복음의 주인이 아니라 심부름꾼에 불과하며 복음으로 생명을 구원하시는 분은 오직 예수 그리스도이십니다. 하나님만이 구원의 주체이시며 하나님께서는 우리의 복음전도를 통해 죄인을 구원하시기를 기뻐하십니다(고전 1:21).

아울러 하나님의 영원한 작정을 근거로 기도를 부정하는 것은 잘못된 사고입니다. 우리는 하나님의 주권과 인간의 책임을 구분할 수 있어야 합니다. 그것은 하나님께서 그의 영원한 경륜을 따라 섭리하시는 가운데 우리가 할 일은 그의 말씀을 따라 기도하고 순종함으로 합당한 영광을 돌리는 것입니다.

나아가 기도로 하나님의 뜻이나 경륜을 바꿀 수 있는 것이 아닙니다. 도리어 하나님의 뜻이 삶 속에 온전히 이루어지도록 기도해야 합니다. 아울러 하나님의 뜻을 바로 알고 순종하며 살아갈

수 있도록 하나님의 은혜와 능력을 간구하여야 할 것입니다.

우리는 하나님의 긍휼하심을 받고 때를 따라 도우시는 은혜를 얻기 위하여 기도에 힘써야 할 것이며(히 4:16), '주기도문'의 가르침을 따라 온 세상 가운데 하나님의 이름이 높임을 받으시며, 그의 나라가 속히 임하고 그의 뜻만이 이루어지기를 간구하며 살아가야 할 것입니다.

참된 기도의 목적은 우리의 뜻이 이루어지는 것이 아니라 만유의 주요, 만왕의 왕이신 하나님의 나라와 권세와 영광이 우리의 삶 속에서와 온 세상과 만물 가운데 충만하게 임하게 되는 것입니다.

3. 요한계시록의 해석원리(1-22장)

신약성경의 중심 주제인 '복음'을 따라서 요한계시록 22장의 전체 내용을 주제별로 구분해 볼 수 있습니다.

① 복음의 기원(1장)–삼위일체 하나님
② 복음의 본질(1-3장)–예수 그리스도
③ 복음의 권세(4-7장)–주님과 교회의 승리
④ 복음의 승리(8-20장)–성령과 하나님의 나라
⑤ 복음의 영광(20-22장)–천국과 하나님의 영광

요한계시록은 신본주의적 성경해석법에 따라 '5구조-2차원-

3단계'의 원리에 의해서 다음과 같이 살펴볼 수 있습니다. 그것은 하나님의 3단계적 섭리와 2차원적 사역으로 구분됩니다.

5구조-3단계(2차원)

① 주체-하나님과 영원한 경륜(1-3장)

② 1단계-복음(4-7장), 7인

③ 2단계-성도와 교회(8-15장), 7나팔

④ 3단계-교회사와 신국사(16-20장), 7대접

⑤ 목적-천국과 하나님의 영광(20-22장)

5구조-2차원(3단계)

① 하나님(1-3장), 예수 그리스도와 교회

② 복음(4-7장), 예수 그리스도와 사탄

③ 세상(8-15장), 교회와 세상

④ 역사(16-20장), 택자의 구원과 악인의 심판

⑤ 하나님의 영광(20-22장), 부활과 상급, 영생과 천국

요한계시록의 상징과 숫자

1	하나님	보좌에 앉으신 이, 창조주, 심판주, 알파와 오메가
	예수 그리스도	목자, 어린양, 남자 아이, 인자와 같으신 이, 승리자, 7눈과 7뿔, 만주의 주, 만왕의 왕, 성전, 광명한 새벽별
	성령	7영, 7등불, 하나님의 영, 주의 영, 진리의 영, 보혜사
2	말씀	예수 그리스도의 계시, 예수 그리스도의 증거, 예언의 말씀, 두루마리, 영원한 복음, 생명책, 성경, 거룩한 말씀
3	교회	7교회, 7별(주의 종), 7촛대, 여자, 2증인, 2감람나무, 2선지자, 여자의 남은 자손들, 예수의 증거를 가진 자들, 어린양의 아내, 신부, 새 예루살렘, 하늘의 거룩한 성
4	성도	하나님과 어린양에게 속한 자들, 하나님 나라, 왕과 제사장, 24장로, 12지파, 144,000, 처음부터 생명책에 기록된 자들, 하나님의 인 맞은 자들, 이긴 자, 이기는 자, 온 이스라엘
5	천사	하나님 보좌의 4생물, 하나님의 성전에서 나오는 7천사, 하나님의 사자, 7인, 7나팔, 7대접, 메신저, 심판 대행자
6	사탄	마귀, 옛 뱀, 큰 용, 붉은 용, 7머리 7왕관, 10뿔 10왕관, 짐승, 새끼 양, 음녀, 거짓의 아비, 하나님을 대적하는 자, 참소자, 1000년간 무저갱에 갇혔다가 말일에 올라오는 자
	악한 영들	마귀와 함께 하늘에서 쫓겨나 무저갱에 처한 악한 천사들, 마귀의 지배하에 무저갱을 왕래하며 온 세상을 미혹함
7	악한 종들	적그리스도들(하나님 대적, 우상숭배, 교회의 박해자들), 거짓 선지자들(거짓 진리, 거짓 목자, 세상을 미혹하는 자들), 마귀의 하수인들(악한 짐승들과 새끼 양들)
8	악인들	마귀에게 속한 죄인들, 영적 이방인들, 666의 인 맞은 자들, 짐승에게 경배하는 자들, 짐승의 우상에게 절하는 자들, 창세전에 생명책에 녹명되지 못한 자들
9	세상	족속, 방언, 열방, 만국, 땅의 4방 백성, 땅의 네 모퉁이, 큰 음녀, 큰 성 바벨론, 마귀의 지배를 받는 타락한 세상, 적그리스도의 통치와 거짓 선지자의 미혹이 있는 곳
10	종말	사흘 반, 3년 반, 42달, 1260일, 10일, 100일, 1000년, 신약시대, 예수님의 초림부터 재림까지, 최후 심판의 날까지 성도들의 영적인 환난기, 신앙의 연단기, 사명의 수행시기, 성령께서 복음으로 하나님 나라를 확장하고 완성하는 기간
11	기한	잠시 동안, 한 동안, 하루 동안, 5일 동안, 5달 동안 사탄의 박해와 핍박의 시기, 성도들의 환난의 때, 하나님이 믿음을 연단하기 위해 허락하고 정한 기간
12	천국	새 하늘과 새 땅, 신랑과 신부, 생명나무와 생명수, 하늘의 증거 장막, 하늘의 성전, 완성된 하나님 나라, 성도의 부활과 영생, 하나님의 영원한 통치와 영광

요한계시록 해석과 신학전통

현대복음주의자들은 요한계시록을 신본주의적이고 경륜적으로 바라보지 못하고 인본주의적이고 세속적인 관점에서 이해하고 있습니다. 그래서 성경에서 계시된 영적이고 영원한 하나님 나라와 장차 도래할 천국을 도외시하고 점점 이 땅 위에 건설되는 지상적이고 세속적인 기독교 왕국을 추구하고 있습니다.

기독교 이단은 성경적이고 역사적이며 공교회적인 정통교리에 대해 무지한 채로 단지 이성적이고 문자적인 시각으로 요한계시록을 해석하여 온갖 비성경적이고 그릇된 종말사상을 제시하고 있습니다.

19세기에 등장한 영미의 많은 기독교 이단은 대부분이 요한계시록에 대한 무지와 그릇된 이해로 말미암아 극단적인 시한부 종말론 사상을 주장하고 있습니다. 이들의 공통점은 죄인들이 들어가서 누리게 될 지상적인 천년왕국의 실재를 믿고 있다는 사실입니다. 결국 사탄의 미혹을 따라서 영적이고 영원한 천국이 소수의 종교집단들의 종교적인 야망과 세속적 욕망을 이루는 지상적이고 세속적인 거짓 '천년왕국론'으로 대체된 것입니다.

실상 저들은 인본주의적이고 세속주의적인 환상에 빠져 있습니다. 먼저 신도들이 천년왕국에 들어가려면 종말적인 사명을 감당해야만 한다고 주장합니다. 또한 천년왕국에서 이 땅이나 현세의 물질적이고 육체적인 삶이 지속될 것임을 말합니다. 따라서 그곳이 인간의 세속적인 소원이나 욕망이 극대화된 장소임을 강조하여 신도로 하여금 교주와 종교공동체에 대한 광신적인 헌신을 요구하고 있습니다.

오늘날 이단은 요한계시록을 신구약성경과 독립된 예언서로 보고, 역사의 끝에 일어날 미래적 예언서로만 취급합니다. 그래서 요한계시록을 해석할 수 있는 특별한 사람이 등장했다고 하면서 그들의 교주를 '말세의 선지자' 혹은 '종말적 예언자'라고 부릅니다. 결국 교주의 거짓된 가르침을 '말세복음'이나 '종말복음'으로 칭하고 신도들을 '말세의 사명자'요, 장차 천년왕국에서 왕으로 다스리게 될 '144,000의 택함 받은 무리'라고 부르면서 저들을 현혹하여 멸망의 길로 인도하고 있습니다.

개혁주의는 여호와 하나님께서 그의 영광을 위하여 세우신 영원한 경륜을 따라 사람을 창조하시고 또한 그가 택하신 백성을 그리스도 안에서 구원하사 하나님 나라를 확장하고 계시며 장차 주님의 재림과 최후 심판을 거쳐서 영원한 천국에 들이실 것을 믿습니다. 하나님 나라는 삼위일체 하나님이 다스리시는 영적이고 실재하는 나라로서 이 땅에서 성도들의 심령에 이미 임하였고 아직은 완성되지 않은 형태로 존재하고 있으며 마침내 다시 오실 예수 그리스도께서 하나님의 택하시고 구원하신 백성을 그가 예비한 영원한 천국에 들이심으로 완성될 것입니다.

요한계시록은 성경 전체의 진리를 요약하여 소개하고 있는 '복음의 정수'요 '정통교리의 요점'입니다. 그것은 요한계시록이 복음의 근원에서부터 완성된 목적에 이르기까지의 모든 진리를 포괄적으로 계시하고 있는 '하나님의 영원한 경륜'을 소개하고 있기 때문입니다.

그래서 예수 그리스도의 복음이 삼위일체 하나님의 영원한 경륜에서 나왔다는 사실을 보여 주며, 복음이 성령의 은혜와 권능으로 말미암아 온 세상 가운데 전파되어 하나님 나라가 회복되고 완성되어 가고 있음을 기록하고 있습니다. 이러한 하나님 나라의 역사 가운데 핵심은 하나님의 '구원과 심판'에 있습니다. 이는 하나님께서 사랑으로 그의 택한 백성을 구원하시고 동시에 그의 공의로 죄인들과 악한 세상을 심판하시는 것입니다.

주께서 요한계시록을 통해 우리에게 계시하신 것은 일차적으로 하나님께서 택한 백성을 구원하시고 그들에게 영원한 천국과 영생을 베푸시기 위함이며 궁극적으로는 하나님께서 그의 권능으로 자기 백성을 영원한 천국에 들이시고 그들로부터 모든 감사와 찬송을 올리게 하심으로 영광을 받으시기 위함입니다.

개혁교회는 종말을 주님의 초림으로부터 재림 사이의 기간, 곧 신약시대로 보고 있으며, 이 기간에 성도는 환난 가운데 믿음의 연단과 복음의 사명을 감당하게 됩니다. 이 세상 끝에는 예수 그리스도의 재림과 함께 성도의 육체적인 부활과 모든 사람에 대한 최후 심판이 동시적으로 일어날 것을 믿습니다. 장차 성도는 천국에서 창조주이시며 구원자이신 여호와 하나님께 모든 감사와 찬송과 영광을 돌리게 될 것입니다.

우리 그리스도인들은 예수 그리스도와 연합된 한 몸으로서 왕 같은 제사장들로 세움을 받았습니다. 또한 성령께서는 저들에게 은혜와 능력을 베푸심으로 이 땅에서 복음과 진리를 전파함으로 악한 세상을 심판하고 잃어버린 양들을 구원하는 놀라운 일을 이루고 계십니다.

그리고 모든 성도는 예수 그리스도와 함께 이미 승리한 자들이며 또한 주와 영원히 연합된 천상의 교회에 속한 하나님의 권

속이 되었으며 또한 주께서 다시 오실 때까지 지상에서 복음으로 마귀와 싸워 하나님 나라를 확장하는 전투하는 교회의 일원으로 서 있습니다.

종말로 주님의 교회와 모든 성도는 성경의 참 진리에 바로 서서 믿음을 굳게 세우고 마귀와 악한 자들의 모든 핍박과 이 세상의 온갖 유혹 속에서 거룩함과 인내로 싸워 승리하며, 성령의 크신 권능과 은혜를 의지하여 온 세상에 생명이 복음을 충성스럽게 전파하고 남은 자들을 구원함으로 하나님께 영광을 돌려야 할 것입니다.

요한계시록 개요(1-22장)

A. 복음의 정수
제1부 하나님의 말씀(1장)
* 예수 그리스도의 계시, 삼위일체 하나님의 천국복음
  1. 성경과 복음(1:1-3)
  2. 삼위일체 하나님 복음(1:4-8)
  3. 예수 그리스도 복음(1:9-20)

B. 복음의 본질
제2부 일곱 교회의 경종과 축복(2-3장)
  1. 에베소(2:1), 서머나(2:8), 버가모(2:12), 두아디라(2:18)
  2. 사데(3:1), 빌라델비아(3:7), 라오디게아(3:14)

C. 복음의 권세
제3부 하나님의 영광과 예수 그리스도의 권세(4-5장)
  1. 하나님 보좌의 영광(4장)
  2. 하나님의 계획(뜻)과 예수 그리스도(5장)

D. 복음의 승리
제4부 하나님의 역사(6-20장)
  1. 일곱 봉인(6:1-8:5)
  2. 일곱 나팔(8:6-11)
  3. 복음과 교회(삽화 3)(12-14장)
  4. 일곱 대접(15-16장)
  5. 하나님의 이 세상에 대한 최후 심판(17-18장)
  6. 하나님의 악에 대한 최종 심판(19:1-22:5)

E. 복음의 영광(20-22)
제5부 하나님 나라의 완성(20:11-22:21)
  1. 예수 그리스도의 재림(20:11-15)
  2. 새 하늘과 새 땅(21:1-22:5)
     천국(21:1), 새 예루살렘(21:9), 생명수와 생명나무(22:1-5)
  3. 성경과 계시록(22:6-7)
     예수님 말씀(22:10-16), 성령의 계시와 신부의 참 진리(22:17),
     신앙과 삶의 절대 표준(22:18-19), 소망과 인내-마라나타(22:21)

	종말 시기	역사	재림	부활	천년왕국	최후 심판
종말론과 천년왕국							
개혁 무천년설	신약 시대	말세 징조	최후의 종말사건이 동시에 성취됨(주님의 재림, 사람의 부활, 최후 심판), 새 하늘과 새 땅에 들어감(천국, 하나님 나라의 완성)				
복음 후천년설	신약 시대	복음 황금기	복음이 온 세상에 전파되어 온 세계가 기독교화 됨 지상적 평화시기가 도래한 후, 주님의 재림과 부활 및 심판이 있음				
역사 현천년설	신약 시대	세계 갱신	기독교의 영향력이 온 세계를 정복하게 된 후, 현 세계가 갱신됨으로써 지상적 하나님 나라가 완성됨				
역사 전천년설	역사 종국	7년 대환난 재림 전 휴거	공중 재림 신자 부활	첫째 부활 영적 부활	지상 재림 천년왕국 선악 공존	악인부활 전체 심판
개혁 전천년설	역사 종국 종말 복음	7년 대환난 사명자 순교	공중 재림 사명자 휴거	첫째 부활 사명자 부활	지상재림 천년왕국 선악 공존	둘째 부활 전체 부활 악인 심판
세대 전천년설	역사 종국 종말 예언	7년 대환난 환난 전 휴거	공중 재림 죽은 자 부활	첫째 부활 신자 부활	지상 재림 천년왕국 선악 공존	악인 부활 전체 심판
자유 후천년설	종말 부정	역사 진보	기독교의 종말론을 인본주의적 사회윤리의 실현으로 인식함				

4. 종말론에 대한 제 견해

오늘날 현대교회 안에는 요한계시록 20장에서 사탄이 무저갱에 갇혀 있다고 기록된 천년 기간(the millennium or chilasm, 계 20:1-6)에 대한 그릇된 이해로 말미암아 비성경적인 '천년왕국론'이 크게 만연되어 있습니다. 그것은 기독교의 대부분을 차지하는 복음주님의 교회의 주된 사상이 되어 버렸으며 결국 인본주의적이고 세속적이며 사악한 종말론 이단이 번성하고 득세하는 악한 토양을 만들어 주고 말았습니다.

기독교의 종말론 사상은 크게 세대주의 전천년설, 역사적 전천년설, 개혁적 전천년설, 복음적 후천년설, 자유주의 후천년설, 역사적 현천년설, 세속적 갱신설, 역사적 과거주의, 무천년설 등이 있습니다.

먼저 전천년설(pre-millennialism)은 천년기간을 문자적으로 보는데 천년왕국 이전에 그리스도께서 재림하셔서 성도들과 함께 지상의 천년왕국을 건설하시고 통치한다는 것입니다.

첫째, 세대주의 전천년설은 성경을 7세대로 구분하고 그 마지막 부분에 천년왕국을 둡니다. 천년왕국 전에 그리스도께서 공중에 재림하시고 그때 남은 성도들은 휴거되고 부활하여 공중에서 7년간 혼인잔치를 한다는 것입니다. 또한 지상에 남아 있는 유대인과 불신자는 7년 대환난을 통과하며 이 큰 환난 가운데 유대인들의 대규모 회개가 일어날 것이라고 봅니다.

이들은 대환난을 복음증거의 전 3년 반과 적그리스도에 의한 대박해 후 3년 반으로 나눕니다. 먼저 전환난기에 죽은 성도가 일어나고, 후환난기가 끝나면 배교하지 않은 성도가 부활하며 이 대환난 후에 재림하신 주님은 모든 성도와 함께 다시 이스라엘 땅에 내려오셔서 구약의 유대절기를 회복하고 유대인 중심의 종교적이고 정치적인 지상 천년왕국을 통치하게 됩니다. 그리고 이 천년왕국이 지난 후 사탄이 놓임을 받아 아마겟돈 전쟁이 일어나고 주님은 악인을 징벌하고 최후 심판을 실행하시며 신자는 이 최후 심판을 통과한 후 영원한 천국으로 들어간다고 주장합니다.

둘째, 역사적 전천년설은 천년왕국 전에 그리스도 지상재림이 있다고 봅니다. 이 종말론은 변형된 세대주의 천년왕국론에 불과합니다. 이들은 교회가 종말 전에 7년 대환난을 통과하게 되며, 그 후 주께서 재림하시고 주 안에서 죽은 자들과 대환난 가운데 이긴 자들이 공중으로 휴거하여 부활한 몸으로 주를 영접하고 다시 모든 성도가 주님과 함께 이 땅에 내려와서 천년왕국을 통치한다고 주장합니다. 또한 이 천년왕국 기간에 사단은 결박당하고 적그리스도가 살해되며, 남은 이스라엘 민족의 대회개가 일어난다고 주장합니다. 그리고 이 천년의 끝에는 사탄과의 아마겟돈 전쟁이 있는데 주님은 악한 영들과 악인들을 무저갱에 던지시고 최후 심판을 실행하시며 성도들은 이 최후 심판을 통과한 후에 영원한 천국에 들어가게 된다고 말합니다.

오늘날 신복음주의자들은 이 역사적 전천년설을 맹신하며 세속적인 지상 천년왕국의 도래를 소망하고 있습니다. 결국 이들은 성경적인 종말론에 무지한 채로 주님의 재림과 천국을 빙자해서 그 중간에 세속적인 천년왕국을 설정하여 자신들이 사는 동안에 자신의 위선적이고 세속적인 종교적 야망과 세상적 탐욕을 이 땅에서 실현하고자 하는 어리석은 자들에 불과합니다.

셋째, 개혁적 전천년설은 천년왕국 전에 그리스도께서 공중에 재림하시는데 그때 성도를 둘로 나눕니다. 먼저 144,000의 말세의 사명자들은 전 3년 반 기간에 소위 '말세의 복음'을 전하다가 순교하고 다른 성도들은 후 3년 반 기간에 666표와 사탄의 시험을 받게 됩니다. 이 7년 대환난이 지나면 순교한 사명자들은 부활하여 공중에서 재림하신 주님과 만나며, 후 환난기에 땅에서 승리한 성도들은 육신을 입은 채로 천년왕국에 들어가게 된다는 것입니다.

그리고 말세의 복음사명을 받은 특별한 사명자들만이 신령한 몸을 입은 채로 주님과 함께 천년왕국을 통치하는 왕과 제사장으로 일하게 되고 다른 이들은 지상에서 천년동안 생육하고 번성하며 일상적인 삶을 유지한다는 것입니다. 그 후 천년이 차서 사탄이 나오면 최후 전쟁을 벌이고 여기서 이긴 자는 부활하여 천국에 들어간다는 해괴하게 변형된 전천년론을 주장합니다.

다음으로 후천년설(post-millennialism)은 이 세상에 천년왕국이 이루어진 후에 주님의 재림이 있다고 보며 천년 시기를 재림 전의 기간으로 해석합니다. 그래서 주님의 재림 직전의 천년 기간에는 점차 온 세계에 복음이 효과적으로 전파되어 거의 모든 사람이 주님을 믿는 성도가 되는 이상적인 시대가 도래하는데 이것이 천년왕국이라는 것입니다.

넷째, 복음적 후천년설은 17세기 이후 역사를 낙관적으로 바라보는 일부 복음주의 신학자들에 의해서 생겨났습니다. 그들은 주님의 재림 전에 복음이 온 세계에 전파되어 모든 사람이 하나님께로 돌아오는 기독교 세상이 실현될 것이라고 주장합니다. 즉 종말에는 모든 악한 악인들이 회개하여 하나님의 백성이 됨으로 그야말로 천국과 같은 세상이 도래하게 된다는 것입니다.

이 주장은 물론 복음적인 희망과 선교적 사명을 고취하는 데에는 많은 도움을 주고 있으나, 주님이 말씀하신 대로 종말적으로 이 세상이 하나님을 대적하는 악의 세력이 세상을 지배하고 온갖 죄악과 거짓 미혹이 관영하게 될 것과 처처에 기근과 재난과 온역과 전쟁의 고통이 있을 것이라는 예언과는 정반대의 주장입니다. 또한 이 세상의 끝에는 마귀의 하수인인 적그리스도와 거짓 선지자들로 인해 교회가 핍박을 받고 많은 사람들의 배교가 일어나며 성도가 믿음으로 고난당하게 된다는 말씀과도 전혀 맞지 않습니다.

성경은 이 마지막 시기에 성도가 많은 환난 속에서도 하나님의 특별한 은총과 보호하심 가운데 오직 진리 안에서 참 믿음을 가지고 인내로써 충성함으로 마침내 모든 시련과 시험을 이기고 천국의 영광에 이르게 될 것을 말씀하고 있습니다.

다섯째, 자유주의 후천년설은 자유주의 신학의 터 위에 자리를 잡고 있으며 장차 이 세상 가운데 그리스도의 법이 완전히 성취되어 평화와 정의가 실현되는 새로운 이상적인 사회가 도래한다고 주장합니다.

이들에게 기독교 신앙이란 이 세상 속에서 인간성을 함양하고 사회문제를 해결하는 종교적 윤리철학에 불과한 것이며 실상 지상적인 이상사회의 실현을 추구할 뿐 종말적으로 도래하는 천국을 인정하지 않고 있습니다. 그러므로 이들은 실제적으로 불신자들이요, 종교사회운동가들에 불과합니다.

여섯째, 역사적 현천년설은 기독교의 정신이나 교회의 종교적 영향력이 온 세상을 지배하여 사람들의 기대하는 이상적인 기독교 세상이 도래할 것이라고 주장합니다. 이들은 자유주의 후천년자들과 복음주의 후천년자들의 중도적 입장에서 복음적인 교화와 함께 윤리적 도덕적 이상사회의 실현을 함께 꿈꾸는 자들입니다.

현천년설자들은 재림 후의 천년왕국을 주장하는 것도 아니며, 자유주의자들처럼 윤리신학을 주장하지도 않으면서, 다만 기독교의 복음과 교회의 역량으로 인간과 사회의 도덕적 윤리적 이상을 실현하고자 하는 자들이며, 실제로는 이 세상과 타협하여 세속적인 기독교적 이상사회를 추구하는 변형된 후천년주의자들입니다.

일곱째, 세속적 갱신설자들은 현재의 이 세계가 바로 천국으로 새롭게 갱신된다고 주장합니다. 그래서 구약에서 예언된 에덴동산의 회복이나 좀 더 세련된 완성이 바로 이 땅에서 실현된다고 믿습니다. 그들은 천년왕국론을 믿지는 않지만 그 대안으로서 천년왕국과 같은 기독교적 새로운 이상세계가 현 세계의 갱신을 통해 지상에서 건설된다고 생각하는 자들입니다.

성경에서 말하는 주님의 재림시에 일어날 이 세상의 완전한 파멸의 심판과 그 후 도래할 새 하늘과 새 땅으로서의 천국을 부인하는 것입니다. 또한 이들은 이 세상이 심판받아 멸망하지도 않고 이 지구와 다른 또 다른 세계로서의 천국은 없다고 말하는 것입니다. 그런데 성경은 이 세상은 불심판으로 사라질 것이며 성도는 현재의 육신이 아니라 부활하여 새롭고 신령한 몸을 입고 천국에 들어갈 것이라고 말씀합니다. 더욱이 그 부활체는 지금의 육체적

제한을 받는 몸이 아니며, 천국은 현세와 같이 먹고 마시는 것이 아닙니다. 그러므로 이 종말론도 역시 비성경적이며 세속적인 거짓 이론이라고 볼 수 있습니다.

여덟째, 역사적 과거주의자들은 종말적 심판은 이미 초대교회 시대에 성취되었다고 생각합니다. 1세기경 적그리스도인 로마 황제에 의해 예루살렘 성전이 파괴되고 기독교인은 전 세계로 흩어졌으나 기독교는 하나님의 능력으로 마침내 로마제국의 박해와 유대교와 투쟁을 이기고 마침내 로마제국의 종교로 인정받게 되었다는 것입니다. 4세기경에 하나님이 다스리시는 천년왕국이 이 세상 나라 가운데 이미 실현되었다는 것입니다. 그러므로 주님의 재림이나 이 세상의 심판이나 도래하는 천국은 없다는 것입니다.

실로 이들은 이 세상 나라를 기독교의 하나님 나라와 동일시하며 심지어 천국과도 동일시합니다. 참으로 이들은 영적인 나라와 세속 왕국을 구별하지 못하는 자들이며, 도리어 기독교를 신봉하는 황제나 종교계의 대표 지도자를 신을 대리하는 자라고 신격화하는 인본주의 우상숭배자들입니다. 그것은 로마제국부터 존재했던 것처럼 황제가 종교대사제의 직을 겸하는 사악한 일이나, 중세 시대에 로마가톨릭교회의 교황제도나 영국성공회의 국왕수장령 등으로 이어진 것입니다.

이 일은 참으로 인간이 하나님을 대신하여 신적 위치에 서서 경배를 받거나 온 교회의 머리이신 그리스도를 대신하여 왕노릇 하는 적그리스도의 실상입니다. 이들은 이 세상 안에서 세속적 천국을 추구하는 자들이며 실상은 하나님도 천국도 부정하는 사악한 자들입니다.

끝으로 무천년설(amillennialism)은 요한계시록의 천년을 종말의 시간 곧 주님의 초림과 재림 사이의 기간으로 봅니다. 이는 신약시대의 완전한 기간을 말하며 영적이고 상징적으로 해석합니다. 즉 그리스도의 승천에서부터 재림까지의 전 기간을 천년으로 해석하며 이 세상에서 교회를 통한 그리스도의 영적 통치를 천년왕국으로 보는 것입니다.

모든 성도는 이미 왕 같은 제사장이 되었으며 성령의 권능과 복음으로 하나님의 나라를 확장하는 천국의 일꾼입니다. 또한 그리스도의 구속사역의 승리로 말미암아 사단은 패배하고 이 세상에서 쫓겨나 무저갱에 감금된 상태에 있습니다. 이 시기에 그리스도는 영적으로 주님의 교회를 통치하시되 성도로 하여금 적그리스도와 거짓 선지자들과 모든 악한 세력을 대적하여 승리하게 하시며 교회로 하여금 천국복음을 온 세상에 전파하게 하심으로 하나님의 나라를 확장하십니다.

그리고 역사의 끝에는 사탄이 풀려나고 큰 환난과 배교가 일어나는데 이때 주께서 재림하셔서 불심판으로 이 세상과 악인을 파멸하시고 동시에 모든 성도는 부활하여 마침내 영화로운 천국에 들어가서 주 여호와 하나님께 감사와 찬송과 영광을 돌리게 될 것입니다.

제5부
하나님의 경륜과 신학사상

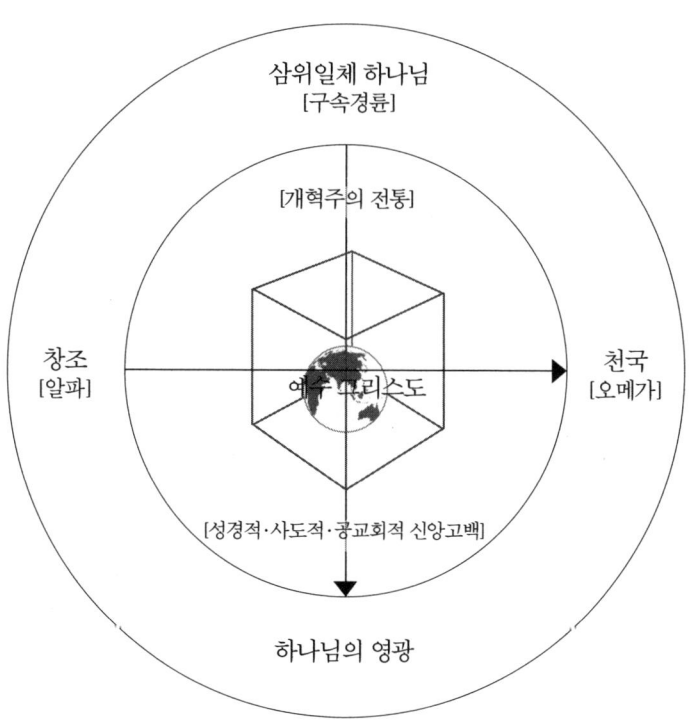

제1장
신본주의 신학사상

1. 개혁주의 신학

여호와께서 이와 같이 말씀하시되 너희는 길에 서서 보며 옛적 길 곧 선한 길이 어디인지 알아보고 그리로 가라 너희 심령이 평강을 얻으리라(렘 6:16).

성경은 하나님의 정확무오한 말씀이며 신학의 원천입니다. 우리는 하나님의 자기 계시의 말씀인 성경을 통해서만 참 진리 곧 삼위일체 하나님과 그의 영원한 경륜에 대한 올바른 이해를 얻을 수 있습니다.

참된 신학은 사람의 이성으로 말미암는 것이 아니라 오직 성경과 성령의 은혜로 가능합니다. 진리의 성령께서는 은혜로 말미암아 예수 그리스도 안에서 죄인을 구원하시고 또한 그로 하여금 성경을 통해 여호와 하나님을 바르게 알 수 있도록 인도하십니다.

여기서 '신학'이란 용어는 '신학전통'이라고 부르는 것이 좀 더 정확한 표현입니다. 성경에서 '전통(παραδόσις, tradition)'이란 단어는 '위에서 아래로 전해 주다'라는 의미를 갖고 있습니다(고전 11:2; 살후 2:15, 3:6). 이는 진리가 한 사람이나 한 시대와 한 지역에 국한된 것이 아니라 사도들의 순수한 가르침이 후대에 전수되고 또한 이전 세대에서 다음세대로 계승된 참된 신앙의 내용이며, 역사 속에서 보편교회에 의하여 공적으로 확증되고 체계화된 지식이라는 것입니다.

오늘날 현대교회 안에는 매우 다양한 신학사상이 존재하고 있습니다. 그 안에는 교리적으로 전혀 수용할 수 없는 비성경적인 이론까지 들어 있습니다. 우리는 정통신학과 이단사상을 명확히 분별하고 대항함으로써 순수한 신앙과 교회의 본질을 파수해야 할 것입니다.

이제 기독교회는 하나님께서 계시하신 '옛 길(the ancient paths)' 곧 '선한 길(the good way)'로 돌아가야 합니다(렘 6:16). 그것은 예수 그리스도의 순수한 복음과 성경적이고 역사적인 정통신앙을 회복하는 것입니다.

개혁주의는 성경에 계시된 참 진리 곧 삼위일체 하나님과 그의 영원한 경륜에 대해 가장 명확하고 바르게 고백하고 있는 기독교 정통신학입니다. 이는 성령의 크신 은혜로 말미암아 기독교회가 주님의 사도들로부터 전수받은 참된 신앙을 공적으로 고백하고 그것을 공인신조로 작성하여 파수하고 전수한 올바른 신앙정통입니다. 아울러 기독교의 공인신조에 담긴 정통교리는 하나님이 역사 가운데 주님의 교회를 위해 행하신 크고도 놀라운 섭리의 열매요, 교회사의 소중한 유산입니다.

한편 기독교 신학전통은 역사적으로 신본주의 신학전통과 인본주의 신학전통으로 나누어집니다. 여기서 신본주의 신학은 오직 하나님께서 계시하신 성경과 신조에 기초한 바른 신학전통을 말하며 인본주의 신학은 인간과 철학사상을 가지고 기독교 신앙을 이해하고 설명하는 그릇된 신학전통을 말합니다.

신본주의 신학전통은 역사와 피조세계에 대한 하나님의 절대주권과 하나님의 정확무오한 말씀인 성경의 절대적 권위에 기초하고 있습니다. 이 신학사상을 가리켜서 하나님중심과 성경중심의 정통신학으로서 '개혁주의 전통(Reformed Tradition)'이라고 부릅니다.

반면 인본주의 신학전통은 인간의 철학사상에 기초하여 기독교를 이해하고 설명하고자 하며 본래 인간의 주체성과 가능성을 토대로 형성되었습니다. 이는 기독교회사 속에서 형성되어 내려온 다른 신학전통으로서 '영지주의 전통(Gnosticism)'을 말하며 역사적으로 영지주의적 신학사조는 모든 이단의 원조이며 그들의 주된 특징이 되었습니다.

신본주의 신학전통은 '개혁주의 신학사상'을 가리킵니다. 일반적으로 개혁주의란 16-17세기 종교개혁시기에 활동한 개혁자들의 신학사상을 가리킵니다. 이는 협의적으로 스위스 제네바교회의 목회자 칼빈의 생애와 그의 저술에 드러난 독특한 신학사상으로서 '칼빈주의'라고도 부르는데 이 용어는 루터파 신학사상과 대조적으로 사용되었습니다.

'칼빈주의(Calvinism)'란 칼빈의 신학사상을 계승한 개혁자들의 신학사상을 가리키는 말이며 또한 개혁교회의 공인신조인 '벨직 신앙고백서(1561)', '하이델베르그 요리문답(1563)', '도르트신조(1619)' 및 '웨스트민스터 신앙고백서(1647)' 등에 고백된 신학사상을 말합니다.

개혁신학은 신본주의 신학사상으로서 주요 내용은 '5SOLA'와 핵심교리를 선언하고 있는 'TULIP'에 잘 소개되어 있습니다.

먼저 16-17세기 종교개혁사상을 담고 있는 '5Sola(오직)'에는 '오직 성경, 오직 은혜, 오직 믿음, 오직 그리스도, 오직 하나님의 영광'이 있습니다. 이는 기독교 신앙의 중심 주제를 잘 표현하고 있습니다.

다음으로 칼빈주의 핵심교리를 고백하고 있는 'TULIP'이란 개혁교회가 1619년 화란 도르트에서 알미니안주의자들을 대항하기 위해 작성한 5가지 신앙요점으로 '인간의 전적 타락(Total Depravity), 하나님의 무조건 선택(Unconditional Election), 그리스도의 제한속죄(Limited Atonement), 성령의 불가항력적 은혜(Irresistible Grace), 성도의 견인(Perseverance of the Saints)'을 포함하고 있습니다.

결국 칼빈주의 신학사상의 신앙요점들은 신앙의 핵심교리인 구원론과 관련하여 성경에서 계시된 것처럼 성도의 구원이 오직 하나님의 절대 주권과 영원한 선택에 의해 주어진다는 사실을 선언한 것입니다. 또한 신앙의 목적이 오직 하나님께 영광을 돌리는 데 있다는 개혁주의 전통을 바르게 고백하고 있는 것입니다.

성경과 역사(Bible and History)			
구속사		교회사	
복음과 진리(구속경륜과 구속사)		하나님을 아는 참된 지식(사도신경)	
언약사	신·구약의 통일성 은혜언약의 성취	초대교회 공인신조	니케아 신경(325), 칼케돈 신경(451), 아타나시우스 신경(500), *콘스탄티노플 신조(381)
구속사	중보자 예수 그리스도 복음과 택자의 구원	정통교회 4대 속성	보편성, 거룩성, 연합성, 사도성
신국사	성령과 교회 복음과 하나님 나라 주님의 재림과 천국	정통교회 3대 표지	말씀, 성례, 권징 * 은총의 수단 (말씀, 성례, 기도)
5SOLA 중심사상	오직 성경, 오직 그리스도, 오직 은혜, 오직 믿음, 오직 하나님의 영광	개혁교회 공인신조 -사도신경, 십계명, 주기도	벨직신앙고백(1561) 하이델베르그 요리문답(1563) 도르트신조(1619)
TULIP 핵심교리	하나님의 무조건 선택, 사람의 전적 타락, 그리스도의 제한 속죄, 성령의 유효한 은혜, 성도의 견인	웨스트민스터 표준문서 (Westminster Standards)	웨스트민스터 신앙고백(1647), 웨스트민스터 대요리문답, 웨스트민스터 소요리문답, 예배 모범, 교회 정치

2. 개혁주의 전통

내가 그리스도를 본받는 자가 된 것 같이 너희는 나를 본받는 자가 되라 너희가 모든 일에 나를 기억하고 또 내가 너희에게 전하여 준 대로 그 전통을 너희가 지키므로 너희를 칭찬하노라(고전 11:1-2).

사도신경과 정통신앙

기독교의 정통신앙이란 하나님중심과 성경중심적인 신본주의 신앙을 말합니다. 역사적으로 기독교회는 성령의 은혜로 말미암아 세상의 핍박과 이단들의 도전 가운데 공회의를 열어 성경의 참 진리를 고백하고 그것을 신조로 작성하여 계승하고 전수해 왔습니다.

참된 신앙은 하나님의 말씀에 기초한 성경적(Biblical) 신앙과 사도들의 순수한 가르침을 계승한 사도적(Apostolic) 신앙과 교회가 항상 참 진리로 믿고 계승해 온 역사적(Historical) 신앙 그리고 보편교회가 공의회를 열어 정통교리로 고백한 공교회적(Catholic) 신앙을 말합니다.

성경은 교회를 "하나님의 집이요 진리의 기둥과 터"라고 말씀하시며(딤전 3:15), 교회가 "사도들과 선지자들의 터 위에 서 있다(엡 2:20)"고 말합니다. 이는 주님의 교회가 성경과 함께 사도들이 가르친 순수한 진리 위에 세워져야 함을 말하는 것으로 참된 교회란 사도적 진리를 계승한 교회를 말합니다. 그러므로 교회가 주님의 사도들이 가르친 순수한 가르침에 서 있을 때에야 비로소 참된 교회라고 할 수 있습니다.

개혁주의 전통은 성경적이고 사도적이며 역사적이고 공교회적인 공인신조들을 참 진리의 가르침으로 충실히 따르고 있습니다. 아울러 역사적인 개혁교회란 기독교 정통신조를 성경에 부합하는 참 진리의 내용으로 믿고 실천하는 신앙고백적 교회를 말합니다.

기독교회사의 초기부터 성경에 근거한 참 믿음 곧 정통신앙을 분명히 하기 위해 사도들의 가르침을 명제화한 것이 나타났는데 그것이 오늘날 모든 성도가 주일예배 가운데 공적으로 고백하고 있는 '사도신경'(Symbolum Apostolicum)입니다. 이 사도신경은 모든 신조의 기초이며 기독교의 가장 중요한 신앙고백입니다.

초대교회의 지도자들은 사도신경을 '진리의 규범', '신앙의 규범', '사도적 전통', '사도적 가르침'이라고 불렀으며 당시의 많은 이단들을 대항하여 참 신자를 식별할 수 있는 표지로 사용하였습니다.

사도신경(Apostle's Creed)은 기독교 신앙의 기원을 담고 있는 기독교의 본질이요, 하나님을 아는 지식의 총체입니다. 이 사도신경이 고백하고 있는 신앙의 핵심 내용은 신앙의 원천이 되시는 삼위일체 여호와 하나님에 관한 참된 지식입니다. 그것은 바로 '나는 믿습니다'라는 3가지의 고백을 중심으로 하는 신앙고백에 잘 나타나 있습니다. 즉 성부, 성자, 성령 하나님의 존재와 사역에 대한 내용을 말합니다.

먼저 '제네바 요리문답(1542)'에서는 참된 신앙과 관련하여, '하나님의 참된 신뢰의 근거는 바로 예수 그리스도 안에서 하나님을 아는 깃에 있는데 이런 지식의 핵심이 모든 그리스도인이 고백하는 신앙고백 곧 사도신경에 요약되어 있다'라고 고백합니다. 이곳에서는 사도신경을 넷으로 구분하여 삼위일체 하나님(성부, 성자, 성령)과 교회(혹은 교회를 향한 하나님의 모든 은혜로운 행위)로 나누어 설명하고 있습니다.

둘째, '하이델베르그 요리문답(1563)'에서는 복음과 관련하여 '그리스도인은 하나님께서 복음으로 우리에게 약속하신 모든 것을 믿어야 하는데 그 복음은 사도신경에 요약되어 있으며 전 세계적으로 고백되어지는 믿을 만한 기독교신조다'라고 고백합니다. 이곳에서는 사도신경의 구조를 셋으로 구분하고 있으며, '성부 하나님과 우리의 창조, 성자 하나님과 우리의 구원, 성령 하나님과 우리의 성화'로 나누어 설명하고 있습니다.

사도신경은 하나님을 아는 참된 지식의 총체로 삼위일체 하나님에 대한 올바른 고백을 담고 있습니다. 즉 '당신은 누구를 믿습니까'라는 질문에 대하여, '나는 성부, 성자, 성령 하나님을 믿습니다'라고 고백하는 형식인 것입니다.

참된 신앙의 내용을 담고 있는 사도신경은 삼위 하나님의 존재와 사역에 대하여 고백하면서 우리의 구원과 삶의 주체가 되신 삼위일체 여호와 하나님을 바르게 소개하고 있습니다. 그러므로 모든 성도는 사도신경과 기독교 공인신조 가운데 고백된 삼위일체 하나님과 그의 영원한 경륜을 아는 참된 지식과 일치된 삶으로 오직 하나님께 영광을 돌려야 할 것입니다.

개혁교회와 공인신조

기독교의 신조란 주님의 교회가 공회의를 열어서 성경의 핵심 진리 곧 정통교리를 공적인 문서로 작성하여 전수한 것입니다. 성경은 모든 신조의 기초이며 참된 신조는 오직 성경에서 나온 것을 말합니다.

성경은 하나님의 자기 계시로서 하나님의 정확무오한 말씀이요 절대적인 진리입니다. 그래서 성경을 '신앙의 규범(regula fidei)'이라고 하며 신조는 '교리의 규범(regula doctrinae)'이라고 부릅니다. 또한 성경은 신앙과 진리의 절대표준이며 신조는 성경에서 나온 객관적인 교리의 규범으로 교회의 공적인 지침이라고 말할 수 있습니다.

개혁주의 전통은 사도신경을 비롯한 초대교회의 공인신조들에 기초하고 있으며 또한 초대교회의 정통교리를 확립하는 데 크게 기여한 '어거스틴(Augustinus, 354-430)'의 신학사상에 잘 나타나 있습니다. 이후 기독교 정통교리가 '칼빈(John Calvin, 1509-1564)'의 신학사상으로 발전되었으며 또한 16-17세기의 공인신조로 고백되었습니다.

오늘날 개혁교회는 초대교회로부터 내려온 사도신경을 비롯하여, 니케아 신경(325), 칼케돈 신경(431), 아타나시우스 신경(500)을 정통신조로 고백하며 또한 종교개혁 시대의 벨직 신앙고백서(1561), 하이델베르그 요리문답(1563), 도르트 신경(1619), 웨스트민스터 신앙고백서(1647)와 웨스트민스터 대소요리문답(1647, 1648)을 공인신조로 믿고 따르고 있습니다. 그리고 위의 대표적인 공인신조들과 함께 니케아 콘스탄티노플 신조(381), 제네바 요리문답(1542), 프랑스 신앙고백서(1559), 스코틀랜드 신앙고백서(1560), 제2스위스 신앙고백서(1566) 등도 중요한 신앙고백으로 사용하고 있습니다.

기독교회는 정통교리를 성실히 가르쳐서 성도들의 믿음을 바로 세우고 참 진리를 전파함으로 하나님을 영화롭게 해야 할 것입니다. 이 정통교리의 핵심 내용은 다음과 같습니다. 성경론, 삼위일체론(신론), 예정론(하나님의 영원한 경륜), 기독론(중보자, 예정의 근거, 선택의 머리), 인간론(선한 창조, 하나님의 형상, 전적타락), 성령론(보혜사), 구원론(칭의와 성화), 교회론(택자, 사도적 전통, 사도신경), 선행론(이중은총, 십계명), 기도론(주기도), 선교론(순수한 복음과 참 진리, 정통교회), 종말론(무천년설, 재림과 부활과 심판, 천국과 영화와 상급).

성경에서 말하는 참된 교회란, 진리와 사랑 안에서의 온전한 일치를 이룬 교회입니다. 모든 신자가 성경의 참 진리를 소유해야 진정한 교회라고 말할 수 있는 것입니다. 그래서 교회가 "사도들과 선지자들의 터 위에 세우심을 입은 자라(엡 2:10)"는 것은 어떤 개인이 사도직을 이어받았다는 것이나 교회 지도자들이 우월성을 내세우기 위한 방편이라는 말씀이 아닙니다. 주님의 교회에서 직분을 받은 자는 그들을 목회자로 세우신 주님의 말씀을 올바로 가르치고, 그 자신도 그 말씀대로 지켜 행함으로써 신앙의 진정성을 갖게 되는 것입니다.

기독교회는 신본주의 신앙과 오직 성경을 따라 모든 일을 행하여야 합니다. 즉 교회의 본질은 진리를 파수하고 전파하는 데 있습니다. 주님의 교회가 성경에 기초한 정통신조를 따라 참된 신앙고백을 하고 그에 따라서 신실하게 행할 때 그곳에 참 교회가 세워지는 것입니다.

사도신경(Apostle's Creed)					
	위격	사역	핵심내용		주요사상
성부	창조주 하나님 아버지	창조	전능하심 천지를 창조하심		하나님의 영원한 경륜 작정과 예정, 창조와 섭리
성자	중보자 예수 그리스도	구속	1. 비하 성육신, 십자가, 죽음, 장사		예수님은 하나님의 아들이요 그리스도(메시아)이심 *삼중직 (선지자, 제사장, 왕)
			2. 승귀 부활, 승천, 보좌에 앉으심, 재림, 심판		
성령	보혜사 성령	성화	그리스도와의 연합 성화, 영화, 부활, 영생		*구원의 서정 소명, 중생, 믿음, 회개, 칭의, 양자, 성화, 선행, 견인, 영화
			그리스도의 교회		*택자들의 무리 예수 그리스도와 거룩한 연합을 이룬 사도적 보편교회

사도신경과 신앙 핵심

우리는 참되고 유일하신 삼위일체 여호와 하나님을 믿습니다. 이 한 분 하나님 안에는 성부와 성자와 성령의 삼위가 계신데, 이 삼위가 동일신성과 동일본질을 가지시고 영원한 연합을 이루고 계신 한 분 하나님이심을 믿습니다.

1. 우리는 전능하사 천지를 창조하신 하나님 아버지를 믿습니다. 자비롭고 은혜로우신 하나님께서는 영원부터 그의 영광을 위하여 그의 자유로운 의지로 그의 기쁘신 뜻을 세우셨으며 또한 그 영원한 경륜을 따라 역사와 만물을 창조하시고 섭리하고 계심을 믿습니다.

2. 우리는 하나님 아버지의 독생자이신 구주 예수 그리스도를 믿습니다. 성부에게서 영원히 발생하신 성자께서는 성경대로 하나님의 영원한 구속경륜을 따라서 성부로부터 보내심을 받아 성령으로 잉태되사 동정녀 마리아에게서 나셨는데 하나님의 아들의 신성을 가지신 채로 인성을 취하신 위격적인 연합을 통하여 사람이 되셨는데 그가 바로 참 하나님이시며 참 사람이신 예수 그리스도이십니다.

삼위일체 하나님께서는 영원 전에 자기 백성을 선택하셨는데 예수 그리스도는 아담의 범죄로 인해 타락한 죄인들의 모든 죄를 대속하시고 성령으로 말미암아 하나님의 택한 자들을 죄와 사망에서 구원하시기 위하여 본디오 빌라도에게 고난을 받으사 십자가에 못 박혀 죽으시고 장사되셨으며 음부에 내려가셨다가 제 삼일에 부활하시고 승천하셔서 하나님 보좌 우편에 앉아 계시다가 그곳으로부터 살아 있는 자와 죽은 자를 심판하러 다시 오십니다.

3. 우리는 보혜사 성령을 믿습니다. 성부와 성자로부터 영원히 발출하신 성령께서는 하나님이 의논하시고 세우신 영원한 구속경륜을 따라서 성부와 성자로부터 보내심을 받아 내려오셔서 하나님의 택하신 자들을 복음으로 구원하시어 의로운 하나님의 자녀가 되게 하시고 하나님의 말씀에 순종함으로 거룩함을 이루며 선을 행하게 하시고 기도와 전도에 힘쓰도록 인도하시며 영화에 이르기까지 견인하십니다.

4. 우리는 성령의 은혜로 말미암아 구주 예수 그리스도와 영원히 연합된 하나의 거룩한 사도적 보편교회를 믿습니다. 또한 우리는 하나님께서 성도의 모든 죄를 사해 주시는 것과 말일에 육체의 부활과 함께 최후 심판을 통해 약속하신 상급을 받고 천국에 들어가서 영생을 누리며 우리의 창조주요 구속주이신 삼위일체 여호와 하나님께 영원한 영광을 돌리게 될 것을 믿습니다.

개혁주의 정통교리(THE TABLE OF REFORMED DOCTRINES)

	교리구조	핵심 사상	주요내용
성경론	성경	하나님의 자기 계시 신앙과 삶의 절대규범	신구약 66권 정경 오직 성경 전체 성경
삼위일체론	사도신경 1-1	여호와 하나님 하나님의 존재	성부, 성자, 성령 삼위가 동일본질로서 한 분이신 하나님
예정론	사도신경 1-2	하나님의 내적사역 작정과 예정 선택과 유기	하나님의 의지와 의논 하나님의 영원한 경륜
기독론	사도신경 2-1	중보자 예수 그리스도 구속경륜과 구속언약	성부로부터 영원 발생 위격적 연합
인간론	사도신경 2-2	하나님의 외적사역 선한 창조와 섭리	하나님의 영원한 선택 하나님의 형상 타락, 죄책과 오염
성령론	사도신경 3-1	보혜사 성령	성부와 성자로부터 성령의 영원 발출
구원론	사도신경 3-2	성령의 구원사역 그리스도와의 신비한 연합	구원의 서정 칭의론과 성화론
교회론	사도신경 3-2	예수 그리스도의 몸	택자들의 공동체 보편성, 거룩성, 연합성, 사도성
선행론	십계명	하나님의 말씀 성도의 생활규범	하나님 사랑, 이웃 사랑
기도론	주기도 1	하나님의 영광 신앙의 목적	하나님 이름, 나라, 뜻
선교론	주기도 2	하나님의 나라 성도의 사명	하나님의 예정 복음과 택자의 구원
종말론	사도신경 3-3	성도의 영광 부활, 상급, 영화	주님의 재림 최후 심판(영생, 영벌) 천국, 하나님의 영광

제2장
인본주의 신학사상

1. 영지주의 신학

형제들아 우리 주 예수 그리스도의 이름으로 너희를 명하노니 게으르게 행하고 우리에게서 받은 전통대로 행하지 아니하는 모든 형제에게서 떠나라(살후 3:6).

영지주의(Gnosticism)는 1-3세기(70-250년)에 걸쳐서 로마제국 전역에 널리 퍼졌던 이단운동으로 인본주의 철학사상에 기독교적 요소를 가미한 혼합주의 종교운동을 말합니다. 본래 영지주의라는 말은 '지식(knowledge)'을 뜻하는 '그노시스(γνῶσις)'에서 유래하였으며 로마제국 안에서 기독교, 유대교, 헬라철학 및 동양의 신비종교가 섞인 혼합주의적 사상체계로 형성되었습니다. 이는 일종의 기독교철학으로 복음이 인간 세상의 철학과 세계관을 변화시킨 것이 아니라 도리어 그 세속사상이 기독교의 변질을 가져오게 된 것입니다.

기독교회사 초기에는 기독교가 로마제국 전역으로 확장하는 가운데 영지주의도 크게 만연하였습니다. 당시 헬라철학에 익숙한 지식인들이 기독교와의 조우를 통해 자신들의 사상적 기초를 든든히 하면서 영지주의가 번성하게 된 것입니다. 즉 인본주의 철학의 토대 위에서 기독교를 재해석하여 받아들인 것이 바로 영지주의 이단사상입니다.

영지주의는 인본주의 종교사상입니다. 그 특징은 범신론적 신관과 인본주의 구원론을 갖고 있다는 점입니다. 저들은 이원론 사상에 근거하여 본래 영혼은 신에게 유출된 선한 것이었으나 처음부터 육체에 갇힌 채로 악하게 창조되었다고 말합니다. 그래서 하늘의 신이 육체의 감옥에 갇혀 있는 자를 구원하기 위해 신의 사자를 보냈다고 말합니다. 즉 사람은 '영지(하늘의 특별한 지식)'를 받아 깨우쳐야 하며 영지주의 교사의 지속적인 가르침과 함께 수양을 통하여 악한 육체로부터 해탈을 이루는 것이 구원이라고 주장합니다. 이 신적 영지를 깨우치고 구원을 이루는 자는 오직 신에게 특별한 선택을 받은 소수의 무리들 곧 영지주의자들이라고 말합니다. 저들은 사람을 3종류로 나누면서 영에 속한 사람(영지주의 신자), 혼에 속한 사람(기독교인), 육에 속한 사람(모든 죄인과 이교도들)으로 구분합니다.

결국 영지주의는 자신들이 주장하는 거짓된 이단사상을 믿고, 자신들의 가르침을 따르는 특별한 자들만이 영혼의 육체로부터의 진정한 해탈을 통하여 '신의 세계로의 귀환' 혹은 '인신화(신인합일)'에 이른다고 주장하는 비성경적인 이단입니다.

초대교회는 영지주의를 대항하여 예수 그리스도가 육체적으로 태어나시고 십자가 위에서 죽으셨다가 부활했으며 재림 때에는 사람이 육체적으로 부활할 것임을 역설했습니다. 또한 영지주의자들의 유출설에 맞서서 만물은 하나님의 권능에 의하여 무로부터 창조되었다는 것과 물질과 육체는 하나님께서 선하게 창조하신 것임을 주장하였습니다.

영지주의 3대 오류

첫째, 기독론의 오류. 영지주의자들은 철학적 이원론 사상에 근거하여 하나님을 이해하기 때문에 기독론과 신론에 대해 큰 오류를 갖고 있습니다. 이들은 신에 대하여 하늘에 있는 최고신과 많은 신들의 세계라는 범신론적이고도 일신론적인 세계관을 갖고 있었습니다.

성경을 선한 신과 악한 신의 대결로 보고, 예수는 선한 신 자신이 아니라 그의 대리자요 영지의 전달자로서 그는 결코 악한 육신을 가진 인간일 수 없다고 주장합니다. 결국 그리스도의 신성과 인성의 완전한 연합과 정통 삼위일체론을 부정하고 있습니다. 저들은 한 분이신 하나님도 양분하여 구약의 악한 신과 신약의 선한 신으로 나누며 그 결과 창조의 하나님과 구속의 하나님을 구분합니다. 게다가 성경도 구약의 율법과 신약의 복음으로 나누어서 구약성경을 악한 신의 계시라고 하여 철저히 부정하면서 오직 신약성경만을 정경으로 보았습니다.

둘째, 인간론에 대한 오류. 영지주의자들은 본래 독립된 한 인격체로 창조된 사람을 영과 육으로 나누어 영은 선하며 육은 악하다고 이해합니다. 그러므로 구원이란 영지(하늘의 특별한 지식)에 대한 깨달음과 수양을 통해서 악한 육신을 벗어버리고 신의 세계로 귀환하는 것이라고 주장합니다.

후기 영지주의는 철학적 이원론에서 다시 인본주의적 삼분설(영, 혼, 육) 사상으로 발전되었습니다. 그래서 이 세상에 사는 영과 육의 대립 가운데 살아가는 신자가 온전한 구원을 얻으려면 혼의 깨달음과 수양을 통해서 신비적인 승화를 받아야 하며 최종적으로는 사람이 신과의 합일을 이루어 신적인 존재가 될 것이라는 더욱 왜곡된 교리로 나아가게 되었습니다. 기독교회사 속에서 영지주의는 모든 이단의 뿌리가 되었으며 오늘날에 이르기까지 이러한 인간의 삼분설에 기초하여 구원교리를 주장하는 자들은 모두가 이단의 무리로 정죄되고 있습니다.

셋째, 교회론에 대한 오류. 영지주의는 특별한 지식을 알고 따르는 사람들만이 구원을 얻는다고 말합니다. 그래서 영지주의 종교공동체에 속한 사람들만이 참된 신자라고 주장합니다. 영지주의자들은 인본주의적이고 신비적인 깨달음과 수양을 통해 구원의 완성과 인신화를 추구하는 악한 자들입니다. 또한 삼위일체 하나님과 예수 그리스도를 부정하고 오직 자신들만이 구원에 이른다고 주장하는 이단사상입니다.

기독론 논쟁

예수 그리스도의 양성-위격적 연합(Hypostatic Union)

신성 부인		인성 부인	
이단	주장	이단	주장
에비온주의 (Ebionites)	인간, 신적 도구로 사용된 특별한 사람	도세티즘 (Doceticism)	영적 존재 육적 실체가 아닌 환상이나 환영
아리안주의 (Arianism)	첫 번째 피조물, 존재하지 않은 때가 있었음	아폴리나리즘 (Apollinarianism)	신성과 인성의 혼합, 신성이 영을 차지함
네스토리안주의 (Nestorianism)	신성과 인성의 분리, 하나님을 가진 인간, 두 인격의 결합	유티키즘 (Eutychianism)	신성이 인성을 흡수, 제3의 신적인 존재, 단성론, 단의론

예수 그리스도는 완전한 하나님과 완전한 사람이심(2 Natures in 1 Person)

인간의 이해

구조		구약	신약	개념	의미
영	내적 본질	루아흐(רוּחַ) spirit	프뉴마(πνεῦμα) spirit, wind	영, 영혼, 생기, 바람	영혼, 의인
육	외적 형상	바사르(בשר) body	소마(σῶμα) body	몸, 육, 육체	육체, 죄인
			사륵스(σάρξ) flesh	육신, 육욕, 본성	혈기, 죄성
인간	하나님 형상	첼렘(צלם) image of God	에이콘(εἰκών) resemblance	모양, 형상	닮음(지, 정, 의) 공유적 속성
	혼의 개념	네페쉬(נפשׁ) a living being	프쉬케(ψυχή) soul, breath	생령, 숨, 호흡, 죽음(혼이 떠남)	존재, 산 생명, 생명체, 살아 있는 인간, 살아 있는 동물
	전인 이해	아파르(עפר) dust 아담(אדם) man	안쓰로포스 (ἄνθρωπος) human	흙, 먼지, 땅, 사람, 눈, 얼굴	사람, 인간, 인격, 전인 영혼과 육체로 창조된 살아 있는 인격체
사람(영혼과 육체, 2 Elements in 1 Person) 하나님의 형상으로 선하게 창조됨(진리, 거룩함, 의)					

2. 영지주의 전통

그러므로 너희가 그리스도 예수를 주로 받았으니 그 안에서 행하되 그 안에 뿌리를 박으며 세움을 받아 교훈을 받은 대로 믿음에 굳게 서서 감사함을 넘치게 하라 누가 철학과 헛된 속임수로 너희를 사로잡을까 주의하라 이것이 사람의 전통과 세상의 초등학문을 따름이요 그리스도를 따름이 아니니라(골 2:6-8).

초기 기독교

기독교의 초기에는 영지주의가 만연되어 교회를 혼란시키고 성도들을 크게 미혹하였습니다. 1-4세기에 걸쳐 영지주의는 많은 기독이단들을 양산하였는데 대표적으로는 도세틱이단과 말시온주의와 아리우스주의가 있습니다.

성경에서는 영지주의에 대하여 언급하기를, "하나님의 영을 알지니 곧 예수 그리스도께서 육체로 오신 것을 시인하는 영마다 하나님께 속한 것이요 예수를 시인하지 아니하는 영마다 하나님께 속한 것이 아니니 이것이 곧 적그리스도의 영이니라(요일 4:2-3)"고 말합니다. 본래 영지주의자들은 물질은 본래 악하고 영은 선하다고 보는 이원론에 사로잡혀 있어서 그리스도가 악한 물질인 육체를 입을 수가 없다고 주장했습니다. 이는 성육신의 개념 곧 선한 영과 악한 물질의 직접적인 연합을 용납할 수 없었기 때문이었습니다.

초대교회의 사도적 가르침에 반대하는 거짓 기독론의 대표적인 유형은 '가현설(Docetism)'이었습니다. 그래서 그리스도가 인간이 된 것은 가짜일 뿐이며 신의 영이 십자가 처형에 이르기까지

한정된 시간 동안만 인간 예수와 결합했다가 그가 죽기 전에 다시 그를 떠났다고 주장했습니다.

'말시온주의(Marcionism)'는 구약의 하나님을 율법과 공의의 하나님으로 신약의 하나님을 자비와 구원의 하나님으로 구분했습니다. 또한 그들은 구약을 율법서로 신약을 복음서라고 불렀으며, 신약성경 가운데 누가복음의 일부와 바울의 10개 서신만을 사용하였습니다. 그것은 성경 가운데 유대적 요소를 갖고 있거나 영지주의를 부정하는 내용을 담고 있다고 생각한 책들을 성경에서 배제한 것입니다.

3세기 말에 알렉산드리아의 영지주의자 오리겐의 종속론을 이어받아 등장한 아리우스(Arius, 250-336)는 성자 곧 로고스가 성부와 같은 신이 아니라 하나님에 의해 창조된 피조물로서 그는 창조 이전에 존재하지 않았으며, 성자는 삼위 하나님과 상이본질이라고 주장함으로써 그리스도의 완전한 신성과 선재성을 부인했습니다.

아리우스는 하나님이 영원 전에 독생자를 낳았으며 아들은 피조된 첫 번째 피조물로서 참 하나님이 아니라고 보았습니다. 그래서 삼중의 신이 있지만 셋은 전혀 질적으로 완전히 다른 세 존재들의 집합이며 창조주 아버지와 창조된 아들과 성령 곧 세 실체의 영광은 동등하지 않다고 주장했습니다. 또한 아들은 존재하지 않은 때가 있으므로 참 하나님도 아니고 피조물일 뿐이며 따라서 아들이 성취한 구원도 피조물이 이룬 것이므로 구원은 하늘에서 오는 것이 아니라고 보았습니다.

그 후 381년에 작성된 '니케아-콘스탄티노폴 신조(150 교부들의 신앙)'에서는 아버지와 아들과 성령이 '동일신성' 또는 '동일실체'라고 하는 성경적인 삼위일체론의 정통교리를 확정하였는데 이로써 성부와 성자의 '상이본질(ἑτερούσιος)'을 주장한 '아리우스주의'와 함께 '유사본질(ὁμοιοσιος)'을 주장한 가이사랴의 유세비우스(Eusebius of Caesarea, 260-340)를 대표로 하는 '반(半)아리우스주의(Semi Arianism)'를 이단으로 정죄했습니다. 하지만 이 회의는 동방의 주교들이 주로 모였기 때문에 '성령이 아버지로부터 나오신 분'이라고만 확정하였으며, 이는 동서교회의 '필리오케(Filioque, 그리고 아들로부터)'의 논쟁으로 이어졌으며, 결국 교회 분열의 씨를 제공하기도 하였습니다.

한편 영지주의는 원죄를 부정하고 인간 자신의 구원을 이루기 위해서 자유의지의 역할과 책임을 주장하였습니다. 그리하여 4세기에는 영지주의 사상을 가진 펠라기우스주의자들이 등장하였습니다.

특히 펠라기우스(Pelagius, 360-418)는 아담의 원죄를 부인하고 모든 인간이 죄인으로 태어났다는 사실을 부정하였습니다. 또한 인간은 도덕적 중립상태로 태어났으며 죄를 인간의 자유선택의 결과로 보았습니다. 그래서 사람은 죄를 짓지 않는 능력을 가지고 모든 의를 행할 수 있으며 또한 자신의 구원을 성취하고 완전함에 이룰 수도 있다고 주장하였습니다.

431년 에베소 종교회의에서 펠라기우스주의는 네스토리안과 함께 이단으로 정죄를 받았습니다. 그러나 프랑스에서 반펠라기우스주의가 등장하여 하나님은 사람이 자유의지로 믿을 것을 미리 아시고 구원받을 자를 선택하셨다고 하는 예지예정을 주장하였습니다. 그들은 구원은 하나님의 은혜와 인간의 자유의지가 연합하여 산출된다고 하는 '신인협력론'을 제기했습니다.

이 반펠라기우스파의 지도자는 크리소스톰의 제자였던 존 카시안과 제롬의 제자였던 마실리아의 겐나디우스 등이었습니다. 그들은 인간의 전적 타락을 부인하고 회심에 있어서 협력하는 수단으로서의 신적 은혜가 필요하다고 주장하였습니다. 결국 529년 오렌지 종교회의에서는 그들을 정죄하였지만 인간의 의지와 하나님의 의지가 협력한다는 중간 입장에 대해서는 부정하지 않았습니다.

로마가톨릭교회

중세의 로마가톨릭교회는 영지주의의 가장 큰 소산물입니다. 그들은 이단자 아리우스와 펠라기우스의 사상을 이어받아 신학사상을 정립하고 인본주의적인 교황주의 정치체제를 갖추면서 등장하였습니다.

313년에는 로마황제 콘스탄틴(Constantinus, 324-337)에 의하여 '밀란의 칙령'이 선포되어 기독교회는 로마제국 안에서 자유를 얻게 되었습니다. 또한 392년에는 통일된 동서로마제국의 마지막 황제였던 데오도시우스(Theodosius The Great, 379-395)가 기독교를 국교로 선언함으로 로마제국의 종교로 새로운 전기를 맞게 되었습니다. 그러나 기독교회는 신앙적 자유와 외적인 성장과는 반대로 세속화되고 말았으며 점차 교회의 거룩성과 진리의 순결성도 잃어버리게 되었습니다.

468년에 로마의 주교 레오(Pope Leo, 400-461)가 로마감독은 베드로의 후계자이며 그리스도의 대리자임을 강하게 주장하였으며 로마교회의 우월성을 주장하여 로마가톨릭교회의 기틀을 세웠습니다. 초기에 로마교회는 수도를 중심으로 하여 로마제국 전체 교회에 대한 영향력이 커지면서 다른 지방의 주교들이 이단문제가 발생하면 로마감독에게 조언을 구하기도 했습니다. 당시 레오1세는 로마의 감독들은 여러 차례 열린 공회의를 향하여 로마황제처럼 지방의 주교들에게 칙서형식으로 답서를 보냄으로 그의 우위성을 나타냈으며 로마제국 내에서 점차 막강한 권세를 가진 교황의 면모를 가꾸어 갔던 것입니다.

590년경에는 로마교회의 그레고리 1세(Gregory, 540-604)가 롬바르드족이 로마로 침공해 왔을 때 자신이 직접 담판에 참여하여 그들을 퇴치함으로 로마제국을 위험에서 건져내었습니다. 그리하여 그는 모든 교회들의 수장으로 로마제국을 책임지는 자리에 이르게 되었습니다.

그리하여 607년에는 동로마제국의 황제인 포카스가 로마교회의 주교 보니페이스 3세(Pope Boniface III, 재위 607)를 '보편적인 교회의 감독'이라고 부른 후로 로마제국의 사람들은 로마교회의 감독을 '교황'이라고 부르기 시작했습니다. 또한 745년에 프랑크왕 피핀 3세가 이탈리아의 바티칸을 교황령으로 선포함으로서 본격적인 로마가톨릭교회와 교황제도가 확고한 자리를 잡게 되었습니다. 그리고 800년에는 샤를마뉴대제가 로마교회의 감독을 교황으로 선포함으로서 황제가 수위권을 갖고 있던 동방교회와 완전히 독립된 위치를 확보하게 되었습니다.

그런데 로마가톨릭교회는 사람의 전적인 부패와 구원의 무능력을 부정하였습니다. 그래서 원죄를 원시적 의의 결여로 보고 저들의 미사와 종교적 선행을 통해 충족된 의를 이루는 것이 구원의 길이라고 주장합니다. 또한 사람의 본성은 전혀 상실되지 않았으므로 신의 은총과의 협력을 통해 스스로 구원을 얻을 수 있다고 보고 있습니다.

아울러 로마가톨릭교회는 자신들의 지상 교회를 하나님 나라와 동일시하면서 교황의 세속권세를 강조하고 로마가톨릭교회의 국가에 대한 우위성을 주장했습니다. 그리하여 중세시대 1000년에 걸쳐서 로마교황이 가톨릭교회와 세속적인 통치권을 행사하는 가운데 로마가톨릭교회의 비성경적인 미사와 성상숭배와 면죄부 판매 등 온갖 거짓 교리와 종교의식에 의하여 영적으로 깊은 어둠의 시간을 지나게 되었습니다.

근세복음주의

16세기의 루터파는 신앙과 교회질서의 개혁을 선도하였으나 초대교회의 사도적 정통신앙을 이어받지 못한 결과 다시 신인협력적 구원론과 회중주님의 교회관으로 나아갔습니다. 또한 저들은 그리스도의 양성에 있어서 소위 '속성교류'를 주장하였으며 그리스도의 인성은 승천 후에도 편재하시기 때문에 그리스도가 성찬에 실체로 임한다는 '공재설'을 주장하기도 했습니다.

독일의 재세례파는 재침례를 중시하고 유아세례를 거부했습니다. 또한 내적인 조명과 성령의 직접적인 인도에 의한 예언을 하나님의 말씀보다 더 높은 곳에 두었으며 이들의 신비주의적 신앙과 분리주의 교회관은 종교개혁자들의 사상과는 대립되는 것이었습니다.

그 후 영국의 퀘이커교는 재세례파의 사상을 이어받아 자신들을 '빛의 자녀' 또는 '친구들의 회'라고 불렀습니다. 이들은 기독교의 교리를 부정하고 성경보다는 성령의 직접 조명과 내적인 빛을 강조했습니다. 이들의 모임에는 성례전이나 설교도 없었으며 다만 기도로부터 시작해 고요한 명상을 통해서 내적 광명을 얻는 종교의식이 전부였습니다.

1536년에 등장한 영국성공회는 '국왕수장령'에 기초하여 로마 가톨릭교회와 개신교의 중도적인 교회체제와 혼합주의적 신학사상을 갖고 있었습니다. 아울러 이태리에서 등장한 소시니안파와 유럽의 유니테리안은 자유주의 신학의 원조입니다. 이들은 성경의 정경성과 무오성을 부정하였으며 또한 아담의 원죄를 부정하기 때문에 그리스도의 속죄의 필요성도 부인했습니다.

17세기의 기독교는 종교개혁자들의 신학사상과 정통교리의 틀에서 벗어나려는 인본주의적인 흐름과 반교리적 운동이 뚜렷하게 나타났습니다. 이러한 경향은 먼저 재세례파와 소시니안파를 통해 나타났으며 다음에는 청교도 운동과 경건주의운동 그리고 웨슬리안 복음주의 운동을 통하여 확산되었습니다.

화란의 알미니안주의는 성령께서 죄인에게 하나님과 협력할 수 있게 해 주는 은혜를 수여하는데 중생하고 못하고는 인간의 책임으로 자신의 의지가 하나님의 은혜와 협력하느냐 하지 않느냐에 달려 있다고 보았습니다. 즉 사람이 충족적 은혜를 잘 사용하면 복음적 은혜를 받고, 여기에 순응하면 구원을 받는다고 주장한 것입니다.

영국의 청교도 운동은 당시에 유행하던 인본주의 철학사상인 '라무스주의(Ramism)'와 '데카르트주의(Cartesianism)'의 영향을 받아서 신앙과 삶의 이분법적인 이해와 합리적이고 실천적 조화를 추구하면서 신자의 경건한 생활과 종교적 실천을 강조하였습니다. 하지만 이들은 점차 칼빈주의 신앙전통에서 벗어나 변형된 신인 협력적 구원론을 갖고 있었으며 구원의 확신을 얻기 위해 다양한 신앙 규칙과 생활강령을 만들고 실천하고자 노력하였습니다.

이 청교도 운동은 '신율주의(Neo Nomianism)' 사상으로 전개되었는데 그 핵심교리는 하나님께서 시대나 상황에 따라서 구원의 조건을 변경할 수 있다는 것입니다. 그들은 행위언약의 시대에 하나님께서 철저한 순종을 요구하셨지만 아담은 실패했고 모든 후손들도 역시 실패했다고 보았습니다. 따라서 하나님은 그리스도를 통하여 새로운 율법 곧 믿음과 회심을 요구하는 복음의 법을 주셨다고 말합니다. 결국 저들은 칭의가 점진적인 것이며 칭의의 근거는 예수 그리스도의 전가된 의가 아니라 신자의 복음적 의로서 오직 새로운 율법의 순종 곧 믿음과 회개와 선행이 칭의의 토대가 된다는 주장합니다.

그 후 청교도 운동은 18세기의 독일 경건주의로 이어져 발전하였으며 다시 영국의 웨슬리안주의 복음운동으로 발전하였으며 후에는 19세기 자유주의 신학사상과 신령주의 신앙운동의 토대가 되었습니다. 그 가운데 화란의 코케이우스(Cocceius, 1603-1669)는 새로운 언약사상을 주장하였는데 그것은 츠빙글리, 불링거 등에게서 시작된 언약에 대한 역사적 연구방법이었습니다. 그의 성경에 대한 언약사적 이해는 성경을 신지식의 원천이 아니라 대상으로 만든 것이었습니다. 결국 그는 언약사적 성경신학으로 칼빈주의 정통교리를 대체하였으며 하나님의 영원한 경륜을 언약으로 축소시키고 신본주의적 정통신학을 인본주의적이고 역사적인 성경해석학으로 바꿔 버리고 말았습니다.

오늘날 복음주의 신학은 그의 언약사적 연구방법론을 그대로 계승하고 있습니다. 하지만 저들은 삼위일체 여호와 하나님과 그의 영원한 구속경륜을 역사 안에 가두고 성경의 모든 계시를 하나님의 구속의 역사 속에서 사람의 문제를 해결하는 방안을 제시하는 인본주의적이고 세속적인 신학연구의 방향으로 나아가고 말았습니다.

현대복음주의

기독교는 18-19세기를 지나면서 인본주의 철학사상과 세속문명의 급속한 발전으로 인하여 종교개혁의 유산인 개혁주의 전통으로부터 더욱 멀어지게 되었으며 특히 자유주의 신학과 오순절 은사주의 운동이 일어나 현대교회를 큰 혼란에 빠뜨렸습니다.

그리고 20세기에는 현대복음주의운동이 활발히 전개되면서 비성경적인 신학사상들과 이단종파들이 생겨났습니다. 이러한 인본주의 기독교의 대표적 양상은 신령주의, 자유주의, 세속주의 그리고 이단사이비운동으로 나눠 볼 수 있습니다.

19세기 중반에 영국에서 등장한 세대주의는 신령주의 운동으로서 극단적인 종말론과 지상 천년왕국의 완성을 주장하였으며, 미국에서는 안식교와 여호와증인, 몰몬교 등과 같은 많은 이단이 등장하였습니다. 이러한 이단들의 교주는 말세의 선지자를 자

칭하며 종말적인 예언과 시한부 종말론을 주장하여 온 세상을 큰 혼란에 빠뜨려 왔습니다.

세대주의(Dispensationalism)는 성공회를 떠나서 분리주의 단체인 플리머스형제단을 세운 다비(John Nelson Darby, 1800-1882)에 의해 시작되었으며 미국의 회중교회와 침례교회 및 근본주의 장로교회에 유입되면서 성장하였습니다. 이 세대주의자들은 계시를 역사적 관점에서 일곱 세대로 나누고 각 세대마다 다른 구속경륜이 있다고 주장하였습니다. 즉 성경을 시대별로 무죄시대, 양심시대, 인간통치시대, 약속시대, 율법시대, 은혜시대, 천년왕국시대 등으로 나누어서, 각 시대마다 하나님께서 상이한 구원의 길을 제시해 주셨다는 것입니다. 저들은 성경의 참된 가르침을 버리고 종말적인 종교적 사명의 완수를 주장하면서 거짓된 교리로 신도들을 미혹하여 파멸로 이끄는 이단종파였습니다.

20세기 초 미국에서 현대 은사주의 운동이 시작되었으며 20세기 말에는 종말적이고 범세계적인 선교운동과 기도운동을 강조하는 '신사도운동(Neo Apostolic Movement)'이 일어났습니다. 이 운동의 지도자들은 자신들을 말세의 '신사도'라고 부르며 방언기도와 예언의 은사를 통해서 종말적인 새 예언을 받았다고 주장합니다. 또한 그들은 비성경적인 '선교적 교회론'을 가지고 수많은 교회와 신자를 미혹하여 파멸의 길로 이끌고 있습니다.

독일의 신정통주의자들은(Neo Orthodoxy) 자유주의 신학사상을 기초로 하여 성경과 기독교의 교리를 인본주의적으로 재해석하여 역사적이고 사회적인 종교윤리운동을 전개하였습니다. 이들의 신학사상은 세계기독교의 한 축으로써 세계기독교교회협의회(WCC,

1948)를 결성하는 토대가 되었으며 교회의 본질을 이 세계 내의 인본주의적 윤리와 사회정의를 실현하는 데 두고 있습니다.

그런데 20-21세기를 지나면서 현대기독교에 가장 큰 영향을 주고 있는 것은 신복음주의(Neo Evangelicalism) 운동입니다. 이는 '현대복음주의'라고도 불리우며, 저들은 성경적이고 역사적인 정통신앙에서 벗어나 더욱 기독교의 인간화와 세속화를 주도하고 있습니다.

신복음주의(WEA, 1948)는 미국에서 전통적인 복음주의나 근본주의 신앙의 한계를 벗어나기 위한 방편으로 등장한 대체적이고 혼합주의적인 기독교운동입니다. 그리고 이 운동은 신정통주의자나 신사도운동가들과도 일치와 연합을 추구하고 있으며, 심지어 로마가톨릭교회와도 신학적 교의적 일치를 도모하고 있습니다. 이러한 현대교회의 모습이 바로 기독교의 세속화되고 타락한 실상을 여실히 증명해 주는 것입니다.

한편 영국에서는 '바울의 새 관점(NPP)' 학파가 등장해서 소위 '언약적 율법주의(covenantal nomism)'를 주장하였습니다. 이들은 바울신학의 칭의론에 대한 새로운 해석을 제시하면서 칭의와 성화가 동시적으로 최후 심판 때에 완성된다고 보았습니다. 이는 '신율법주의의 부활'이나 '유보적 칭의론'이라고 불리우며 신자가 삶 속에서 성화 혹은 선행의 삶을 바로 살아내지 못한다면 결국 최종적 칭의의 선언에서 구원을 얻지 못할 것이라는 매우 위험한 주장을 펼치고 있습니다.

그리고 기독교계 안에는 반율주의 사상과 왜곡된 구원론을 가르치는 자들도 나타났습니다. '반율주의(Anitinomianism)'는 복음 안에서 성경의 모든 율법이나 신앙적 요구가 폐기되었다고 주장하는 것입니다. 그래서 주일성수와 회개기도, 교회의 직분이나 질서, 교리나 규범, 십일조와 헌금 등을 율법이라고 하여 부인합니다. 또한 죄를 지어도 회개할 필요가 없다는 교리를 가르침으로 성도의 성화와 선행의 삶을 파괴할 뿐만 아니라 죄악을 정당화하여 방종으로 이끌고 있습니다.

저들은 복음의 도리에 대한 깨달음에 의한 구원만을 강조하는 이단이나 구원론을 잘못 이해하고 있는 복음주의자들에게서 나타나고 있습니다. 이는 성경적인 예정론에 대한 무지와 성화에 대한 오해에 기초하고 있습니다. 또한 어떤 자들은 '부정철학' 곧 사람의 생래적인 죄성과 무능력을 주장하면서 모든 선행을 율법주의로 정죄합니다.

반율주의의 오류는 신앙을 구원에만 묶어 둠으로써 성도들의 합당한 순종과 선행을 부인하고 구원의 이론을 지성적으로 수납하는 일에 집착하는 데에 있습니다. 이는 성령의 사역을 부정하는 사변적인 사색에 불과하며 실상 성경의 참 진리와 정통교리에 대한 오해와 불신앙에서 나온 것입니다.

최근 미국에서는 일부 신학자들이 등장하여 칼빈과 칼빈주의를 분리시키고 소위 '개혁스콜라주의(Reformed Scholasticism)'라는 용어를 만들고, 기독교 신앙의 핵심인 정통예정론과 칼빈주의 신학을 부정하는 '신라미즘'과 '조화신학'의 길로 나아가고 있습니다.

삼위일체 여호와 하나님의 주권과 성경적인 예정론에 기초한 칼빈주의 정통신학은 초대교회의 어거스틴주의와 연속성을 갖고 있는 사도적이고 역사적이며 공교회적인 신학전통을 따른 것이지 결코 인본주의적인 중세스콜라철학의 산물이 아닙니다.

아울러 성경적이고 역사적인 칼빈주의 구원관은 인본주의적이고 세속적이며 신인협력적인 공로가 아니라 하나님의 영원한 예정과 하나님의 주권적인 은혜를 강조합니다. 또한 신앙의 목표가 세속적 지상왕국에 있는 것이 아니라 주님의 재림과 영원한 천국에 있습니다.

21세기의 기독교회는 오직 하나님중심과 성경중심의 신본주의 정통신앙을 회복해야 할 것입니다. 이를 위해서 성경적이고 사도적이며 공교회적 정통신앙을 이어받은 칼빈주의 신학사상과 기독교의 역대 신조에 고백된 참 진리를 계승한 '개혁주의 전통'을 바르게 계승하고 파수해야 할 것입니다.

개혁교회 신앙선언

우리는 성경적이고 역사적인 개혁주의 전통을 계승하며 성경과 기독교회의 공인신조에 근거하여 참된 신앙을 고백하고 살아야 할 것입니다. 아울러 이 시대와 교회의 개혁을 이루기 위해 다음과 같은 신앙선언을 선포하고 모두가 이와 같이 실천하여 오직 하나님께 영광을 돌리며 살아가기로 결단합니다.

1. 우리는 개혁주의 정통신앙에 입각하여 기독교계의 자유주의 신앙운동(WCC, 신정통주의)과 신령주의 신앙운동(NAM, 신사도운동, 성공신학, 번영신학, 세대주의 천년왕국론, 거짓 예언과 은사주의 운동) 및 세속적인 신복음주의 신앙운동(WEA, 사회복음주의)을 배격합니다.

2. 우리는 기독교에 안에 들어와 있는 국내외의 여러 이단종파들(신천지, 하나님의 교회, 지방교회, 구원파, 다락방전도운동, 통일교, 전도관, 동방교, 새일교, 귀신파 베레아, JMS, KJV 말씀보존학회, 안식교, 여호와증인, 몰몬교, 중생파, 전능신교 등)과 특히 인본주의적이고 세속적이며 극단적인 일체의 종말운동에 대하여 강력하게 대항합니다.

3. 우리는 오직 성경에 기초한 신본주의 신앙을 가지고 하나님과 세상 앞에서 생명을 경시하는 자살과 낙태를 반대하고 또한 거룩한 삶을 살기 위하여 금연운동과 금주운동을 실천할 것입니다. 또한 일체의 도박과 점치는 행위를 금하는 동시에 길거리에서 복권을 구입하지 않아야 합니다.

4. 우리는 여호와 하나님의 백성이요, 하나님이 세우신 민주공화국의 국민입니다. 성경에 기초한 민주, 자유, 평등, 박애정신에 의해서 민주주의 헌법을 바르게 세워나가며 또한 오직 하나님의 주권사상과 함께 정교분리의 원칙을 따를 것입니다. 아울러 우리는 예수 그리스도의 복음으로 죄인들을 구원하여 주님 안에 하나 되게 할 사명자들이요, 주님과 함께 이 타락하고 불의한 세상을 심판할 왕 같은 제사장들로서 모든 사람들을 향한 거룩한 사랑과 섬김을 적극 실천하며 살아가고자 합니다.

5. 우리는 주 예수 그리스도께서 재림하실 때까지 천국복음을 전파하여 모든 민족을 구원하는 일에 힘쓰며, 기독교회의 종말적 사명완수와 세계복음화를 위해 기도할 것입니다. 그리고 오직 성경과 정통신조에 기초한 진리로 모든 거짓된 신앙과 이단교리를 대항하며 참된 주님의 교회를 세우는 일에 앞장서고자 합니다.

제3장
개혁교회의 방향

1. 개혁교회의 본질

주께서 사랑하시는 형제들아 우리가 항상 너희에 관하여 마땅히 하나님께 감사할 것은 하나님이 처음부터 너희를 택하사 성령의 거룩하게 하심과 진리를 믿음으로 구원을 받게 하심이니 이를 위하여 우리의 복음으로 너희를 부르사 우리 주 예수 그리스도의 영광을 얻게 하려 하심이니라 그러므로 형제들아 굳건하게 서서 말로나 우리의 편지로 가르침을 받은 전통을 지키라(살후 2:13-15).

기독교회사 속에서 정통교회는 '삼위일체 여호와 하나님'에 대한 참된 신앙고백과 함께 '우리는 하나의 거룩하고 보편적이며 사도적인 교회를 믿는다(one holy catholic and apostolic Church)'고 고백해 왔습니다(니케아신조 325, 콘스탄티노플신조 381). 이러한 전통을 따라서 개혁주의는 교회의 본질을 '보편성', '사도성', '거룩성', '연합성'의 4가지 속성으로 말하며 '종말성'을 추가하기도 합니다.

첫째, 교회의 보편성입니다. 개혁주의 관점에서 교회란 하나님의 영원한 선택을 받은 자들의 모임입니다. 교회의 '보편성'이란 모든 택자들로 구성된 '보편 교회(Catholic Church)'를 말하며 이는 하나님만이 아시는 불가견적 교회로서 하나님의 영원한 선택을 받아 역사적으로 지리적으로 그리스도와 연합하여 한 몸이 된 자들이며 장차 천국에 들어가서 완성될 천상의 총회입니다 (히 12:22-23; 계 7:4-9).

참된 교회의 본질은 성경적인 예정론 위에 서 있습니다. 그러므로 하나님의 영원한 선택은 교회의 정체성과 본질 그리고 사명을 바로 세우는 토대이며 표준입니다. 그러므로 예정론은 구원의 원인이며 동시에 교회의 근거와 내용입니다.

둘째, 교회의 사도성입니다. 참된 교회는 오직 성경을 따라서 신앙을 고백하고 전수하는 교회입니다. 그러므로 성경에 기초한 사도신경과 개혁교회의 신조들을 성경에서 나온 가장 신실하고 순수한 진리의 가르침으로 믿고 따릅니다. 교회의 '사도성'은 성경과 사도들이 가르친 순수한 진리의 가르침에 바르고 충실하게 서 있는 '신앙고백적 교회'를 말합니다. 그러므로 '사도적 교회(Apostolic Church)'는 그리스도의 몸으로서 진리와 사랑 안에서의 온전한 일치를 이룬 교회를 말합니다.

참된 교회란 사도들의 순수한 진리의 가르침을 따르는 교회를 말하며 교회가 진리 안에서 하나가 되어 모든 성도가 같은 믿음과 같은 뜻으로 하나님을 섬기며 행할 때, 비로소 교회의 진정한 일치가 있는 것입니다. 그러므로 기독교회는 오직 성경의 원리를 따라서 참된 교회의 표지(말씀, 성례, 권징)를 바르게 실행하여야 하며 또한 기독교회의 정통신조와 신앙규범들을 신실하게 배우고 실천하도록 해야 합니다.

셋째, 교회의 연합성입니다. 하나님께서는 영원부터 택한 백성을 구원하사 그리스도와 연합된 신앙공동체를 세우셨는데 그것이 바로 그리스도의 몸을 이룬 '하나의 교회(One Church)'입니다. 이러한 '교회의 연합성'의 기초는 교회의 머리이신 예수 그리스도이십니다(엡 1:22; 골 1:18). 우리 중에 어느 누구도 그리스도를 결코 대신할 수 없습니다.

주님의 교회는 성령의 하나 되게 하심을 따라 오직 진리 안에 한 마음과 한 뜻이 되어 참된 연합을 이루어나가야 합니다. 또한 복음을 세상에 널리 전파하여 길 잃은 주의 양들이 우리와 같이 그리스도 안에서 한 몸이 되도록 힘써야 할 것입니다.

넷째, 교회의 거룩성입니다. 하나님께서는 자신의 영광을 위해 만물을 창조하셨으며 또한 그의 거룩한 형상을 따라 사람을 선하게 창조하셨습니다. 그리고 성령께서는 예수 그리스도 안에서 택한 자들을 구원하사 '거룩한 교회(Holy Church)'가 되게 하셨습니다. 이러한 교회의 '거룩성'은 하나님의 영원한 선택에 근거하며 모든 성도는 그리스도와 연합하여 의롭다하심을 받고 그의 거룩한 몸인 교회로 세워지는 것입니다. 또한 교회의 거룩성은 오직 그리스도의 의에 있으며 사람의 의로운 행실이나 공로 혹은 종교의식에서 주어진 것이 결코 아닙니다.

성령께서는 우리를 예수 그리스도 안에서 구원하사 의롭게 하시고 또한 "하나님을 따라 의와 진리의 거룩함으로 지으심을 받은 새 사람(엡 4:24)"을 이루어 나가도록 은혜를 베푸십니다. 이러한 성화의 일은 선행과 일치되어야 합니다. 즉 성도의 참된 신앙과 내적인 성숙은 자연스럽게 선행으로 드러난다는 것입니다(엡 2:10).

다섯째, 교회의 종말성입니다. 참된 교회는 예수 그리스도만이 교회의 머리요 왕이심을 고백합니다. 주 예수 그리스도는 처음과 나중이시며 우리 믿음의 주요 또한 구원의 완성자이십니다.

성경은 역사가 여호와 하나님의 창조로 말미암아 시작되었으며 또한 예수 그리스도의 재림으로 종결된다고 말합니다. 예수 그리스도께서 다시 오실 때 주의 백성들은 새 하늘과 새 땅으로 들어가서 주와 함께 거하게 되나 악한 자들은 심판을 받아 영벌에 처하게 될 것입니다.

참된 교회는 하나님의 신실한 언약에 근거하여 그리스도의 오심으로 완성될 영원한 나라를 지향합니다. 이러한 교회의 종말성은 성도가 악한 자들과 이단들의 미혹과 이 세상의 극심한 타락 속에서도 하나님의 은혜를 간구하게 하고 지속적으로 경건한 삶을 살아가도록 하며 복음과 진리 안에서 교회의 책임을 다하도록 격려해 줍니다.

지금도 하나님께서는 교회를 구원의 통로로 사용하십니다. 주님의 교회는 그리스도의 재림을 소망하며 성도로서의 신성한 책임과 의무감을 가지고 구속의 역사에 오직 믿음과 인내로 충성하여야 할 것입니다.

교회론 이해			
교회의 본질	주 여호와 하나님께로부터 택함을 받은 자들의 무리 삼위일체 하나님의 영원한 예정(선택)으로 말미암아 구원받은 모든 성도		
교회의 명칭	1. 하나님의 집	2. 그리스도의 몸	3. 성령의 전
	진리의 기둥과 터(성도의 어머니), 새 예루살렘(하나님의 백성, 그리스도의 신부, 천상의 총회)		
교회의 속성	하나의 거룩하고 보편적인 사도적 교회 (one holy catholic and apostolic church)		
	1. 보편성(무형 교회) 2. 거룩성(예수 그리스도) 3. 연합성(유형 교회) 4. 사도성(진리) * 종말성(천국)		
교회의 표지	1. 참 진리의 선포	2. 합법적인 성례	3. 권징의 신실한 시행
교회의 질서	칼빈주의 1. 장로정치 2. 목사(교사), 　장로, 집사	A. 루터주의 1. 만인제사장 2. 회중교회론 B. 영국성공회(국왕수장령)	로마가톨릭교회 1. 교황정치 2. 사제주의
성찬관 이해	1. 영적임재설(칼빈)	2. 공재설(루터), 　상징설(츠빙글리)	3. 화체설 (로마가톨릭교회)
은혜의 수단	1. 말씀	2. 성례(세례, 성찬)	3. 기도

2. 개혁교회의 사명

이에 그들의 마음을 열어 성경을 깨닫게 하시고 또 이르시되 이같이 그리스도가 고난을 받고 제 삼일에 죽은 자 가운데서 살아날 것과 또 그의 이름으로 죄 사함을 받게 하는 회개가 예루살렘에서 시작하여 모든 족속에게 전파될 것이 기록되었으니 너희는 이 모든 일의 증인이라(눅 24:45-48).

기독교회사는 하나님께서 그의 영원한 경륜을 따라 주님의 교회를 위해 일하시는 역사입니다. 성령께서는 교회의 복음전파를 통하여 하나님 나라를 확장하시며 또한 교회가 참 진리 안에서 순수한 신앙과 교회의 성결을 파수하도록 은혜를 베풀어 주십니다. 이제 우리는 성령의 은혜를 힘입어 이 시대 우리에게 남기신 사명을 충성스럽게 감당하여야 할 것입니다.

첫째, 삼위일체 하나님과 그의 영원한 경륜에 대한 참된 지식을 갖는 것입니다. 주 여호와 하나님은 생명의 창조주요 또한 구속주이십니다. 지극히 선하신 하나님께서는 영원한 구속경륜을 세우시고 그의 권능으로 놀라운 구원을 성취하십니다. 이는 구원의 전 과정에 있어서 하나님 자신이 바로 구원의 수여자요, 성취자라는 말입니다.

구원의 원인은 삼위일체 하나님의 영원한 예정에 있습니다. 하나님은 그의 경륜을 따라 크고도 놀라운 구속을 성취하셨으며, 죄인들을 구속의 복음으로 구원하고 계십니다. 실로 구원은 하나님께서 그의 경륜을 따라 행하시는 주권적이고 은혜로우신 사역의 열매입니다.

둘째, 예수 그리스도의 순수한 복음을 붙드는 것입니다. 하나님께서는 그의 영원한 경륜 가운데 그의 아들을 구속의 중보자로 보내실 것을 계획하시고 또한 그리스도 안에서 영생을 베푸실 자를 특별히 선택하시고 저들의 구원하시기로 작정하셨습니다.

예수 그리스도는 참되고 유일한 구주이십니다. 구원은 인간의 행위나 공로가 아니라 예수 그리스도의 십자가와 부활의 복음을 믿음으로만 주어집니다(엡 2:8-9). 참된 교회는 하나님의 은혜로 말미암아 오직 예수 그리스도를 믿음으로 얻는 순수한 구원을 강조합니다.

셋째, 성경의 참 진리 안에서 믿음의 성숙을 이루는 것입니다. 하나님께서는 우리를 구원하사 그리스도와 연합된 교회로 세워 주셨습니다. 그것은 우리가 성령과 말씀 안에서 함께 거룩함을 이루어가며, 하나님 앞에서 모든 선한 일을 행하게 하시기 위함입니다(딤후 3:16-17).

기독교회는 모든 성도가 성경과 신조에 담긴 기독교의 정통교리 곧 삼위일체 하나님과 그의 영원한 경륜을 바르게 알아가며 참 진리 위에 선 견고한 믿음과 그의 기쁘신 뜻에 대한 온전한 순종을 통하여 하나님의 선하시고 기쁘신 뜻을 이루며 살아가도록 힘써야 할 것입니다.

넷째, 성령 안에서 거룩한 증인이 되는 것입니다. 구원의 주체는 오직 하나님이십니다. 성부는 창세전에 자기 백성을 선택하시고 성자 예수 그리스도는 구속을 성취하셨으며 성령은 복음으로 잃어버린 양들을 구원하십니다. 주님께서는 "또 이 우리에 들지 아니한 다른 양들이 내게 있어 내가 인도하여야 할 터이니 그들도 내 음성을 듣고 한 무리가 되어 한 목자에게 있으리라(요 10:16)"고 약속하셨습니다.

우리는 전도에 앞서서 성화의 삶을 중시해야 합니다. 거룩한 성도가 세상의 빛이요 훌륭한 증인이기 때문입니다. 또한 전도의 공로나 열매보다 복음증거 자체를 중시해야 합니다. 왜냐하면 택함을 받은 자들에게 구원을 주시는 분은 오직 하나님이시기 때문입니다.

그리고 예정론이 성도의 삶을 나태하게 하는 것이 아니라 오히려 거룩한 선행과 증인의 삶을 격려하고 최고의 겸손과 희생적인 사랑을 촉구하고 있음을 알고 증인의 삶에 힘써야 할 것입니다.

다섯째, 이 세상 속에서 기독교의 진리를 올바로 변증하는 일입니다. 하나님은 만유의 주시며 역사의 주관자이십니다. 하지만 인류가 타락한 이후로 이 세상의 모든 죄인은 사탄의 지배 아래 거짓 종교를 만들고 우상을 숭배하며 거짓 철학과 헛된 사상을 가지고 창조주 하나님을 부정하고 그리스도의 복음과 교회를 대적해 왔습니다.

하나님은 우리를 구원하사 세상의 빛이 되게 하시고 어두운 세상에 참 사랑과 진리를 비추어 하나님 아버지께 영광을 돌리라고 말씀하셨습니다(마 5:14-16). 이를 위해 성령께서는 우리가 진리로 헛된 종교와 거짓 철학을 파하고 '예수 그리스도만이 유일한 구주이심'을 증거하며 승리의 삶을 살아가도록 돕고 계십니다.

개혁주의는 하나님의 영원한 예정의 토양에 생명의 씨가 뿌려져서, 구원론에서 견고한 뿌리를 내리고, 교회론의 줄기를 거쳐서 마침내 목회와 선교의 열매를 맺습니다. 종말로 기독교회는 삼위일체 하나님과 그의 영원한 경륜을 아는 참 진리로 충만하게 되어야 합니다. 진리의 부흥이 참된 개혁입니다.

3. 현대기독교와 개혁주의

우리가 다 하나님의 아들을 믿는 것과 아는 일에 하나가 되어 온전한 사람을 이루어 그리스도의 장성한 분량이 충만한 데까지 이르리니 이는 우리가 이제부터 어린 아이가 되지 아니하여 사람의 속임수와 간사한 유혹에 빠져 온갖 교훈의 풍조에 밀려 요동하지 않게 하려 함이라(엡 4:13-14).

주 여호와 하나님께서 성경을 통하여 계시하신 신앙의 내용을 기독교회가 바르게 고백하고 체계화한 것이 정통교리입니다. 기독교회의 사명은 진리를 계승하고 전수하는 일입니다. 이러한 교회의 거룩한 책무 가운데 가장 중요한 것이 바로 성경적이고 역사적인 정통신앙을 굳건히 지키는 것입니다.

여기서 '정통(ὀρθόδοξος, orthodox)'이란 성경에 계시된 대로 믿는 올바른 사고나 관점을 말하며 그것은 역사적으로 전수해 내려 온 진리의 가르침을 따르는 신앙전통입니다. 반면 '이단(αἵρεσις, heresy)'이란 참된 가르침이나 신앙전통으로부터 벗어난 그릇된 사상이나 불일치한 주장을 말하며 이는 인본주의적이고 세속적인 신학전통을 말합니다. 그리고 '개혁(διάορθός, reformation)'이란 원래로 돌아가는 것이니 어떤 사물이나 일을 본래대로 바로 세우기니 이전의 온전한 상태로 회복하는 것을 말합니다.

21세기의 기독교회는 성경적이고 역사적인 신본주의 정통신앙 곧 '개혁주의 전통'으로 돌아가야 하며 특히 기독교의 핵심 진리를 굳게 파수하고 전수함으로써 주 여호와 하나님께 모든 영광을 돌려드리도록 힘써야 할 것입니다.

성경적인 정통 삼위일체론을 바로 파수해야 합니다

기독교회사 속에서는 영지주의를 비롯한 많은 이단이 등장하여 하나님에 대한 그릇된 이해와 거짓 교리로 사람들을 미혹하여 멸망으로 이끌었습니다. 지금도 현대교회 안에 만연된 단일신론, 양태론, 종속론, 삼신론, 삼신론적 공동체론, 역사적 예수론, 문화적 기독론, 도구적 성령론, 반신앙적 인신화론 그리고 삼신론에 기초한 다양한 인본주의적이고 세속적인 교회론 등을 잘 분별하고 배격하여야 할 것입니다.

삼위일체 하나님에 대한 참된 앎이 없는 형식적인 종교의식과 무지한 종교적 열심에 빠져 있다면 도리어 그 일들이 구원과는 전혀 상관없고 단지 외식하는 거짓종교인을 양산할 뿐입니다. 만일 교회가 진리를 도외시한 채로 오래된 교회의 전통과 관습만을 고집하면서 그것으로 신자들의 신앙과 삶을 묶어 두고 있거나 신자들이 자신의 종교적인 의와 공로로 구원을 저울질하고 있다면 그것은 크나 큰 불행이 아닐 수 없습니다.

주 여호와 하나님은 우리가 그를 바르게 알기를 원하십니다. 그것은 예수 그리스도 안에서 우리의 창조주요, 구원자이신 하나님을 아는 것이며 또한 복음 안에 감추인 하나님의 경륜을 밝히 깨닫고 참된 경배와 온전한 영광을 돌리는 일입니다.

개혁교회는 하나님의 진리에 대한 확고한 지식과 온전한 믿음을 가지고 악한 자들을 대적하며 연약한 신자들과 미혹에 빠진 신자를 온전한 구원과 참된 신앙의 길로 인도해야 할 것입니다.

성경적인 예정론에 근거한 구원의 견고한 확신을 가져야 합니다

개혁신학의 핵심 사상은 하나님의 절대예정론(타락전 예정), 이중예정론(선택과 유기), 그리스도의 속죄의 효력(택자와 제한속죄론), 이중은총과 언약사상, 예정론에 기초한 구원의 서정 등을 담고 있습니다.

현대교회는 단일예정론, 후정예정론, 경험예정론, 반예정론, 반어거스틴주의, 펠라기안주의, 세미펠라기안주의, 스콜라주의, 라미즘, 필립주의, 알미니안주의, 아미랄디즘, 웨슬리안주의, 신스콜라주의 등 온갖 그릇된 구원사상들로 큰 혼란에 빠져 있습니다.

초대교회에서는 어거스틴에 의해서 성경에서 계시된 참된 구원의 원인인 '예정론'에 대한 교리가 정립되었습니다. 구원이란 하나님의 절대 주권에 의하여 택한 백성에게 주어지는 은혜의 선물이며, 사람의 공로와는 전혀 무관한 것으로써 하나님께서 영원부터 예정하신 것이라는 정통신앙을 확고하게 세웠습니다.

그리고 칼빈은 오직 성경과 하나님의 절대 주권에 기초하여 교회를 개혁하고 성경적 예정론을 여호와 하나님께 영광을 돌리기 위한 신학의 중심에 바로 세웠습니다. 또한 신본주의 관점에서 하나님이 어떻게 사람을 구원하시고 왜 구원하시는 가에 대한 온전하고 총체적인 진리를 제시하여 개혁주의 전통을 수립했습니다.

개혁주의는 하나님의 영원한 경륜을 따라서 절대예정론에 기초한 올바른 구원론을 고백하고 있습니다. 그것은 하나님의 영원한 작정과 그것의 실행으로 언약을 통일적으로 이해하며 구속경륜과 그 실행의 과정인 구속사를 하나님의 통일된 사역으로 이해하는 것입니다.

구원은 결코 사람의 의나 힘으로 얻는 것이 아니라 오직 하나님의 주권적인 은혜로 말미암는 것입니다. 그것은 하나님께서 그의 은혜로 택한 자기 백성들이 오직 예수 그리스도를 믿음으로 구원을 얻게 하시는 것입니다. 또한 성령께서는 성도를 하나님의 자녀로 인치시고, 끝까지 견인하심으로 영화로운 천국에 들어가도록 역사하십니다.

성경적인 종말론으로서 무천년설을 견지해야 합니다

개혁주의는 종말의 시기를 주님의 초림부터 재림에 이르는 신약시대로 보고, 역사의 끝에는 그리스도의 재림과 사람의 부활과 최후 심판이 동시에 이루어진다고 믿습니다.

그런데 현대교회 안에 그리스도의 재림 전후에 인본주의적이고 세속적인 지상 천년왕국이 있다는 마귀적인 거짓 신학과 이단 사상이 가득 차 있습니다. 우리는 비성경적인 전천년설, 자유주의자들의 후천년설, 현천년설, 갱신설, 역사주의 등을 철저히 배격해야 할 것입니다.

아울러 주님께서 세우신 하나님 나라가 이미 존재하고 확장되고 있으며 또한 그 나라는 영적이고 불가시적이며, 세속적이거나 물질적이 아닙니다. 하지만 자유주의자들은 세상에 정의가 실현된 이상사회를 세워야 한다고 주장하고 신복음주의자들은 신자와 불신자가 협력하여 문화변혁의 사명을 이루기 위해 사회개혁과 윤리운동에 적극 참여해야 한다고 주장하며 다른 이들은 이 땅 위에 지상 천년왕국을 세워야 한다고 외치고 있습니다.

참된 기독교는 이 세상과 사회의 개선이나 죄인들의 도덕적 세속적 행복에 그 가치를 두지 않습니다. 도리어 사람들의 불행의 근본적인 원인인 죄와 그들의 영원한 운명에 초점을 두며 죄인들이 처한 육적인 현실이 아니라 영혼에 관심을 갖습니다.

성경은 구원 역사가 하나님으로부터 시작되고 끝난다고 말씀합니다(계 1:8, 22:13). 이는 구원이 하나님의 영원한 경륜에서 나온다는 사실을 보여 주며 구속의 특별한 계시와 택자의 구원이 오직 하나님의 주권적인 은혜로부터 주어지는 것임을 알게 합니다(고전 2:12; 엡 2:8-9).

모든 성도는 만유의 주요 만왕의 왕이신 여호와 하나님이 통치하시는 영적이고 영원한 하나님 나라 곧 천국의 도래를 소망하며 살아야 할 것입니다. 만왕의 왕이신 주께서 다스리시는 나라는 하나님의 주권적인 은혜로 말미암아 예수 그리스도 안에서 이미 세워졌고 또한 성령의 능력 가운데 지속적으로 확장되고 있으며 장차 주님의 영광스런 재림과 함께 완성될 것입니다.

성경과 역사의 중심은 예수 그리스도이십니다. 영광스런 하나님 나라는 하나님의 영원한 구속경륜을 따라 그리스도 안에서 세워졌고 또한 그리스도의 재림으로 완성될 것입니다. 우리는 주 예수 그리스도의 재림을 소망하며 창조주요, 구원자이신 여호와 하나님께 모든 감사와 찬송과 영광을 세세토록 돌려야 할 것입니다(롬 11:36).

참된 신앙의 목적은 오직 하나님께 영광을 돌리는 데 있습니다

삼위일체 여호와 하나님께서는 창세전에 그의 영광을 위해 영원한 구속경륜을 세우셨으며 그 경륜에 따라서 역사와 만물을 창조하시고 섭리하고 계십니다.

본래 하나님은 그 영광이 완전하시고 충족하십니다. 하나님이 천지만물을 창조하신 것은 그 자신의 영광이 부족하셔서 만물과 사람으로부터 영광을 채우시기 위한 것이 아닙니다. 도리어 만물 가운데 자신의 온전한 영광을 나타내시기 위함입니다.

그래서 성경은 사람이 하나님께 범죄함으로 타락한 후에 저들로부터 하나님의 거룩한 영광이 떠났다고 말씀합니다(롬 3:23). 또한 하나님께서는 저들 가운데 잃어버린 하나님의 영광을 회복하시기 위해 예수 그리스도를 보내셨으며 성령의 은혜로 말미암아 죄인을 구원하여 하나님의 자녀로 삼으셨습니다. 그것은 성도로 하여금 하나님의 사랑과 은혜로우신 구원을 인하여 오직 하나님께만 모든 감사와 찬송과 영광을 돌리게 하기 위함인 것입니다(고전 6:20; 엡 1:6).

지극히 선하신 하나님께서는 영원부터 그리스도 안에서 구속하실 자들을 미리 정하시고 또한 창세전에 택하신 자들이 하나님께로 돌아오도록 일하십니다. 비록 사람이 자유의지를 가지고 임의로 생각하고 마음대로 행할지라도 성령께서는 하나님의 택하신 자가 멸망의 길로 나아가지 않도록 보호하시며 또한 그를 반드시 복음으로 부르시어 예수 그리스도를 믿음으로 구원받게 하시고 영생을 베풀어 주십니다.

그리고 하나님께서는 악인의 자유의지를 다스리고 통제하십니다. 이 세상의 악한 군주나 죄인도 자기 뜻대로 행하는 것이 아니라 하나님의 다스림과 허락하심에 의해서 움직여지는 것입니다. 하나님은 불신자들의 양심을 주관하사 저들이 일상적인 선을 행하도록 독려하시며 또한 저들의 악한 계획과 일들을 억제하시고 심판하십니다. 더욱이 마귀와 죄인들의 악행까지도 성도들의 유익을 위해 사용하시며 모든 악한 일 가운데에서도 하나님의 선하신 뜻을 이루고 계십니다.

아울러 하나님께서는 성도의 마음과 삶을 선한 의지와 선한 길로 인도하십니다. 비록 그가 연약한 믿음 가운데 자기 마음대로 행할지라도 하나님은 그가 극악한 길과 절망에 처하지 않도록 보호하시며 또한 그의 의지를 주관하시어 하나님의 선한 뜻을 좇아 살아가게 하십니다.

하나님께서는 성도들에게 고난과 시련을 허용하시어, 저들로 하여금 자신을 부인하고 구주 예수 그리스도만을 붙들게 하시며 이 세상 속에서 오직 하나님만을 의지하고 그의 은혜를 간구하며 살아가는 복된 믿음의 사람들이 되도록 연단하십니다.

우리는 하나님의 영원한 경륜을 바로 알고 하나님을 영화롭게 하는 일에 힘써야 합니다. 하나님께서 예비하신 것은 지상적인 행복이 아니라 예수 그리스도 안에서 참되고 영원한 복에 있습니다.

종말로 우리는 인생의 참된 양식이 재물이 아니라 하나님의 말씀이라는 것과 신앙의 종착지가 이 세상이 아니라 영원한 천국임을 확실히 믿어야 합니다. 또한 신앙의 목적이 구원 그 자체에 있는 것이 아니라 하나님께 모든 영광을 돌리는 데 있음을 바르게 알고 살아야 합니다.

삼위일체 여호와 하나님은 생명의 창조주이십니다. 하나님의 피조물인 모든 사람은 하나님께 영광을 돌리며 살아야 합니다. 그것은 사람의 마땅한 본분이요 또한 자신의 존귀함과 가치를 실현하는 일입니다.

기독교의 정통신앙인 '개혁주의 전통'은 성경에 계시된 진리 곧 하나님을 아는 참된 지식을 바르게 고백하고 있습니다. 우리는 공인신조와 정통교리의 학습을 통하여 하나님의 영원한 경륜을 바르게 알고 행함으로 하나님을 기쁘시게 하는 복된 성도가 되어야 할 것입니다.

개혁주의 전통(Reformed Tradition)					
		신본주의 정통신앙		인본주의 신학사상		
교회사	사도적 전통	1-4세기	영지주의	1-4세기	
	어거스틴주의	4-16세기	펠라기안	4-16세기	
	칼빈주의	16-20세기	복음주의	16-20세기	
	개혁주의	20-21세기	신복음주의	20-21세기	
		개혁주의 신학전통		영지주의 신학전통		
초대교회사 1-6세기	사도시대	베드로, 바울, 요한	이단 종파	도세티즘, 에비온파, 말시온, 몬타누스	
	속사도시대	클레멘트, 이그나티우스, 폴리캅	초기 기독교	필로, 데오도투스, 사모사타의 바울, 사벨리우스	
	어거스틴주의	이레니우스, 아타나시우스, 암브로스, 어거스틴,	교부시대	저스틴, 클레멘츠, 오리겐, 아리우스, 펠라기우스, 도나투스	
	초대신조 1-6세기	사도신경, 니케아신경, 콘스탄티노플신조, 칼케돈신경, 아타나시우스신경	로마가톨릭 6-16세기	다마수스1세, 제롬, 그레고리1세, 유티케스, 다메섹 요한, 세미펠라기안주의, 화체설, 스콜라주의, 트렌트신조	
종교개혁사 16-17세기	칼빈주의	칼빈, 베자, 낙스, 잔키우스, 우르시누스, 고마루스, 러더포드, 길레스피	루터주의	루터파, 라미즘, 멜랑히톤, 성공회, 재세례파, 소시니안 셀베투스, 오시안더, 볼섹, 카스텔리오, 알미니안, 아미로, 퀘이커, 유니테리언	
	개혁신조 16-17세기	벨직신조, 하이델베르그 요리문답, 돌트신조, 웨스트민스터 신앙고백	복음주의 16-19세기	청교도주의, 에임즈, 신율주의, 백스터, 코케우스, 회중교회, 경건주의, 웨슬리안, 자유주의, 세대주의, 영미 이단, 은사주의	
현대교회사 19-21세기	장로교회 16-21세기	제네바, 프랑스, 스코틀랜드, 영미장로교회, 한국장로교회	현대교회 19-21세기	신정통주의(WCC), 신칼빈주의, 신사도운동(NAM), 선교적 교회론	
	개혁주의	성경적, 사도적, 공교회 전통	신복음주의	현대복음주의(WEA), 새관점파, 생태신학, 조화신학, 신라미즘	

개혁주의 신앙고백

1. 우리는 참되고 유일하시며 자존하시는 삼위일체 여호와 하나님을 믿는다. 하나님은 성부, 성자, 성령의 삼위로 계신데, 삼위가 한 분이시다. 그리고 삼위는 영원부터 단일신성을 공유하시고 동일본질을 가지신 한 실체로 존재하시는데 성부에게서 성자가 영원히 발생하시며, 성부와 성자로부터 성령이 영원히 발출하신다. 또한 하나님은 동시에 사역하시며 결코 분리되지 아니하신다.

2. 성경은 하나님의 자기 계시이며 정확무오한 절대 진리라고 믿는다. 성경 66권은 하나님께서 직접 영감하신 말씀으로 신앙과 삶의 절대표준이다. 신구약성경은 구속의 언약으로서 성령의 조명을 통하여 사람으로 하여금 예수 그리스도를 믿어 구원을 얻고, 하나님을 알아가며 하나님을 영화롭게 하도록 인도한다.

3. 하나님께서는 그의 선하심과 완전하신 지혜 가운데 그의 영광을 위하여 그의 기쁘신 뜻을 따라 영원한 경륜을 세우신 후, 그의 구속경륜을 이루시기 위해 만물을 창조하시고 섭리하고 계심을 믿는다. 그리고 하나님은 구원의 먼 원인으로서 창세전에 그리스도 안에서 구원받을 택자와 유기자를 예정하셨다. 이 영원한 작정 안에는 모든 천사와 모든 사람이 포함된다. 또한 하나님은 그 목적을 이루시기 위한 가까운 원인으로서 그 수단과 방법까지도 예정하셨다.

4. 하나님께서는 자신의 형상 곧 지식과 거룩함과 의를 따라 본래 사람을 선하게 창조하셨음을 믿는다. 하나님은 사람의 최고선이시며 사람은 하나님의 선물인 자유의지로 하나님께 순종하여 하나님께 영광을 돌리도록 창조되었다. 그런데 사람은 마귀의 유혹을 받아 스스로 범죄하여 전적으로 타락하였고 죄의 대가로 사망과 심판과 영벌을 받게 되었으며, 자신이 결코 스스로를 구원할

수 없는 절망적인 처지에 놓이게 되었다.

5. 예수 그리스도는 삼위 중 제2위이신 성자 하나님이심을 믿는다. 성부는 성자와 영원한 경륜을 따라서 구속언약을 맺으시고 성자를 중보자로 이 땅에 보내셨다. 예수 그리스도는 위격적 연합을 통하여 완전한 하나님이시며 완전한 사람으로 성육신하셨는데 이는 하나님께서 만세전에 택한 자들을 위해 구속을 감당하시기 위함이시다. 예수 그리스도는 성령으로 잉태하사 동정녀 마리아에게 나시고 수난을 받으사 십자가에 못 박혀 죽으시고 장사되어 음부에 내려가셨다가 사흘 만에 부활하셨으며 또한 승천하시어 하나님 보좌 우편에 앉아 계시며 신자를 위해 중보하시고 계신다. 예수 그리스도만이 참되고 유일한 구주이시다.

6. 성령은 삼위 중 제3위이신 하나님이심을 믿는다. 성령은 성부와 성자로부터 항상 나오시는데 성령께서는 그의 은혜로 말미암아 택자들을 부르사 그리스도와 연합하여 구원을 얻게 하신다. 즉 택자들이 복음을 듣고 그리스도를 믿음으로 죄 사함을 받게 하시고 의로운 하나님의 자녀로 인치시며 그들 안에 내주하시어 영화에 이르기까지 견인하신다.

7. 예수 그리스도만이 교회의 유일한 머리되심을 믿는다. 주님의 교회는 사도와 선지자의 터 위에 서 있으며 예수 그리스도의 거룩한 몸이다. 그리스도는 그의 교회를 성령과 말씀으로 통치하신다. 또한 주님의 교회는 하나님께서 만세전에 선택하신 모든 택자들의 공동체이며, 이들은 하나님만이 아시는 참 교회의 회원들로서 역사적으로나 지리적으로 그리스도와 연합된 모든 성도를 포함하며 장차 천국에서 완성될 천상의 총회이다.

8. 성령이 주님의 교회에게 주신 참 교회의 표준과 은혜의 수단으로는 직접수단인 말씀과 성례가 있으며 보조수단인 권징이 있다. 이것은 참 교회의 표지이다. 또한 성령은 교회에 보조자인 목사를 세워 주셨다. 아울러 말씀의 선포와 성례의 집행은 안수 받은 목사가 합법적으로 행하되, 세례와 성찬의 두 가지가 있다. 세례는 성인 신자와 그들의 유아에게 시행한다. 그러나 성찬은 주의 몸을 분별할 수 있는 성인 세례자에게만 시행한다.

9. 예수 그리스도는 교회의 치리권을 목사와 장로들로 구성되는 장로들의 회에게 주셨음을 믿는다. 특히 목사의 직임은 복음선포를 통하여 천국의 열쇠권을 수행하도록 부름 받아 공교회의 치리회에서 안수 받은 합법적이고 항존적인 직분이다. 그리고 교회의 치리회에는 당회, 노회, 총회가 있으며 주님의 교회에게 허락하신 직분에는 목사, 장로, 집사가 있다.

10. 주님의 교회는 성령과 진리로 하나가 되도록 힘써야 하며 모든 성도는 사랑 안에서 합심하여 서로 돌보며 교회를 세워나가야 한다. 이를 위해 목사는 매주 개혁주의 신조를 성실히 가르쳐야 하며 신자는 주일을 거룩히 지키고, 참된 교리를 배우며, 감사함으로 자원하여 헌금하고 하나님의 뜻대로 기도하며 주님의 말씀을 따라 선을 행하는 가운데 천국복음을 땅 끝까지 전파함으로 잃어버린 양들을 구원하여 하나님 나라를 확장하는 일에 선한 열심을 다해야 한다.

11. 예수 그리스도의 영광스런 재림을 소망하며 주께서 다시 오셔서 이 세상을 심판하시고 성도들에게 새 하늘과 새 땅을 주실 것을 믿는다. 마지막 날에 주께서는 모든 사람을 그 앞에 모으시고 최후 심판을 실행하시되 모든 믿는 자들에게는 육체의 부활과 영생 그리고 그의 사랑과 은혜를 따라서 하늘의 예비

된 상급을 주시고 그들을 영원한 천국에 들이신다. 반면 모든 믿지 않는 자들을 그들의 불신앙과 악한 행위를 따라 처벌하시되 형벌의 심판과 지옥의 영원한 저주와 고통에 처하도록 벌하신다.

12. 성령께서 주님의 교회에게 성경의 참 진리로 고백하게 하신 사도신경, 니케아 신경, 칼케돈 신경, 아타나시우스 신경을 정통신조로 받으며 또한 개혁교회의 영적 유산인 벨직 신앙고백서, 하이델베르그 요리문답, 도르트 신경 및 웨스트민스터 신앙고백서, 웨스트민스터 대요리문답, 소요리문답, 예배모범과 정치모범을 공인신조로 받는다. 아울러 개혁교회는 성경적이고 사도적이며 역사적이고 공교회적인 개혁주의 전통을 파수하고 전수하며 모든 목회자와 성도는 공인신조들에 나타난 참 진리를 따라 신앙하며 온전히 순종함으로 오직 하나님께 영광을 돌려야 한다.

나가는 말

　삼위일체 여호와 하나님은 생명의 창조주요 구원자이십니다. 생명과 모든 은총이 위에 계신 하나님으로부터 내려오며, 구원도 전능하신 하나님께서 그의 사랑과 권능으로 이루시는 거룩한 열매입니다.

　성경은 참 진리 곧 '하나님의 영원한 경륜'을 알려 주고 계시해 주고 있습니다. 이 진리는 구원의 주체가 오직 삼위일체 여호와 하나님이시며 구원의 근거가 자비롭고 은혜로우신 하나님의 영원한 예정에 있음을 명확히 알려 줍니다.

　예수 그리스도의 복음은 참되고 유일하신 여호와 하나님과 그의 영원한 경륜에서 나온 삼위일체적이고 경륜적인 것입니다. 또한 구원은 지극히 선하신 하나님의 영원한 선택에 기초하며 오직 하나님의 주권적인 은혜로 말미암은 것입니다.

　종말로 모든 성도는 삼위일체 하나님께서 그의 영원한 경륜을 따라 베푸시는 자비롭고 은혜로우신 구원에 대한 올바른 이해와 견고한 확신을 가지고 살아야 합니다.

그런데 현대복음주의는 '하나님의 주권'과 '오직 성경'을 말하면서도 실제로는 기독교의 정통교리나 구원의 참된 도리에 대한 바른 이해를 갖고 있지 못합니다. 그 결과 저들은 예수 그리스도의 영광스런 복음과 기독교 신앙을 세속적이고 신비적인 것으로 떨어뜨렸으며, 심지어 말세의 많은 교회와 신자들이 스스로의 힘으로 세속적인 지상 천년왕국을 건설하려는 허망한 일에 빠져 있습니다.

오늘날 장로교회들은 '성경무오주의'와 '근본주의 교리'를 사수하거나 고착된 '성경신학의 주제들(언약신학, 구속사 신학, 하나님 나라 등)'을 아는 것이 마치 신학의 전부인 것처럼 오해하고 있습니다. 또한 청교도주의자들은 성경의 참 진리로 교회의 본질을 회복하는 것보다 도리어 신자의 회심과 그 외적 표증으로서 개인의 성품과 도덕적인 삶의 변화를 강조하고 있으며 게다가 주님의 교회가 영적인 일보다 이 세상을 위한 사회윤리운동의 실천에 적극 참여할 것을 촉구하고 있습니다.

실상 현대복음주의자들은 스스로 종교개혁의 후손들이라고 말하면서도 개혁주의 유산인 정통신조와 신앙고백을 따르지 않으므로 참된 교회라고 말할 수 없습니다. 결국 저들은 복음주의라는 멋진 가면을 쓰고 있지만 도리어 성경적이고 사도적이며 공교회적인 정통신앙을 부정하고 참된 교회를 대적하는 자리에 서 있습니다.

최근에는 일부 목회자들이 교회성장운동과 은사운동에 매몰된 현대교회를 개혁하고자 힘쓰고 있습니다. 그들은 성도들에게 신조나 교리를 교육하면서 현대교회에 만연한 비성경적인 예배의식과 교회제도의 전면적인 개혁을 시도하고 있습니다. 하지만 기존의 교회들이 갑작스런 목회사역의 변화에 적응하지 못함으로 교회가 분열되기도 하고 성도들의 반발로 인해 그 목회자가 사직당하는 일도 일어나고 있습니다. 이러한 현실은 목회자들이 정통신학에 대한 온전한 지식의 부족, 교리교육과 목회경험의 미흡함 등으로 생긴 결과이기도 하겠지만 동시에 오늘날 교회개혁이 얼마나 어려운 일인지를 잘 알려 주고 있습니다.

주의 부르심을 받은 목회자들이 먼저 성경적이고 역사적인 개혁주의 정통교리를 바르게 알고 그것을 교회 안에서 신실하게 선포하고 가르칠 수 있도록 영적인 실력을 갖추어야 합니다. 또한 목회자는 주의 겸손하고 온유한 성품을 닮아 가며 오직 진리와 사랑으로 주께서 맡기신 양떼들을 바르게 섬기도록 힘써야 할 것입니다.

살아 계신 하나님께서는 모든 사람이 그를 참되고 바르게 알기를 원하십니다(호 6:3-6). 이는 하나님만을 경외하고 그의 뜻을 행함으로 오직 하나님께 영광을 돌리며 사는 것이 사람의 참된 본분이요 가치이기 때문입니다(잠 1:7; 전 12:13; 사 43:21; 고전 10:31; 엡 1:3-6).

개혁주의는 성경에 계시된 하나님의 영원한 경륜 곧 사람을 향한 그의 특별한 사랑을 따라서 구원과 삶을 이해하는 신본주의 정통신학입니다. 하나님의 영원한 경륜을 따라 성부가 창세전에 영생을 베푸실 자들을 미리 선택하셨고 중보자 예수 그리스도가 구속을 성취하셨으며 보혜사 성령이 복음으로 그 택한 자들을 구원하사 영생을 베풀어 주신다는 고백이 구원의 참된 도리라고 고백합니다.

우리는 예수 그리스도의 영광스런 재림을 바라보면서 삼위일체 하나님과 그의 영원한 경륜을 바르게 앎으로 구원의 견고한 확신을 가지고 살아가며 하나님의 거룩한 왕 같은 제사장으로서 이 세상 끝 날까지 우리와 함께 하시는 임마누엘의 하나님만을 온전히 신뢰하며 그의 나라와 의를 위해 충성하는 복된 성도가 되어야 할 것입니다.

주 여호와 하나님은 사람의 최고선이십니다. 생명의 주요, 구원자이신 하나님만이 우리의 참되고 영원한 복이요, 최고의 만족과 기쁨입니다. 우리의 선한 목자요(시 23:1; 요 10:11), 방패와 지극히 큰 상급이시며(창 15:1; 시 121:1-2), 지금도 우리를 사랑하시며 하늘의 모든 신령한 복을 베풀어 주시는(엡 1:3-6; 약 1:17) 하나님께 모든 감사와 찬송으로 영광을 올려 드립니다. 할렐루야!